귀여운
아미무스 & 무스야
코바늘 손뜨개 인형

나루토 지음 | 배혜영 옮김 | 조수연 감수

CONTENTS

갤러리 목차 … 4
코바늘 뜨기의 기초 … 7
머리말 … 8
아미무스 이야기 … 9
아미의 프로필 … 10
미무의 프로필 … 12
무스야의 프로필 … 14
기본 아미무스 … 17
아미&미무 옷장 … 18
무스야의 옷장 … 20

산타 아미무스 … 22
순록 아미무스 … 23
앨리스풍 아미무스 … 24
빨간 두건풍 아미무스 … 25

천사 아미무스 … 26
악마 아미무스 … 27
롤리타풍 아미무스 … 28
고딕풍 아미무스 … 29
남자 교복을 입은 아미무스 … 30
여자 교복을 입은 아미무스 … 31
남자아이 마린 스타일 아미무스 … 32
여자아이 마린 스타일 아미무스 … 33
간호사 아미무스 … 34
의사 아미무스 … 35
웨딩 아미무스 … 36

이 책에 실린 작품 만드는 법 … 38
아미무스 backstyle … 60
머리 모양 베리에이션 … 97

▶◀ **재료 제공**

하마카 주식회사
우 616-8585
교토부 교토시 우쿄구 하나조노야부노시타정 2-3
TEL: 075-463-5151(대표)

▶◀ **촬영 협력**

Studio Tenjin Base
우 530-0046
오사카부 오사카시 기타구 스가하라정 1-23
니시가키빌딩 1F
TEL: 06-6886-5100

▶◀ **STAFF**

촬영 후쿠모토 아키라
북디자인 네모토 아야코
모델 린, 유이
편집 미야자키 다마미(Office Foret),
 주식회사 레시피아

갤러리 목차

Amimus
01. 기본 아미무스

Ami's outfit
02. 아미의 옷장

Mimu's outfit
03. 미무의 옷장

Musuya's outfit
04. 무스야의 옷장

Musuya's outfit
05. 무스야의 옷장

Santa
06. 산타 아미무스

Rudolph
07. 순록 아미무스

Alice
08. 앨리스풍 아미무스

Little red riding hood
09. 빨간 두건풍 아미무스

Angel
10. 천사 아미무스

Devil
11. 악마 아미무스

Lolita
12. 롤리타풍 아미무스

Gothic
13. 고딕풍 아미무스

Student
14. 남자 교복을 입은 아미무스

Student
15. 여자 교복을 입은 아미무스

Marin
16. 남자아이 마린 스타일 아미무스

Marin
17. 여자아이 마린 스타일 아미무스

Nurse
18. 간호사 아미무스

Doctor
19. 의사 아미무스

Wedding
20, 21. 웨딩 아미무스

코바늘 뜨기의 기초

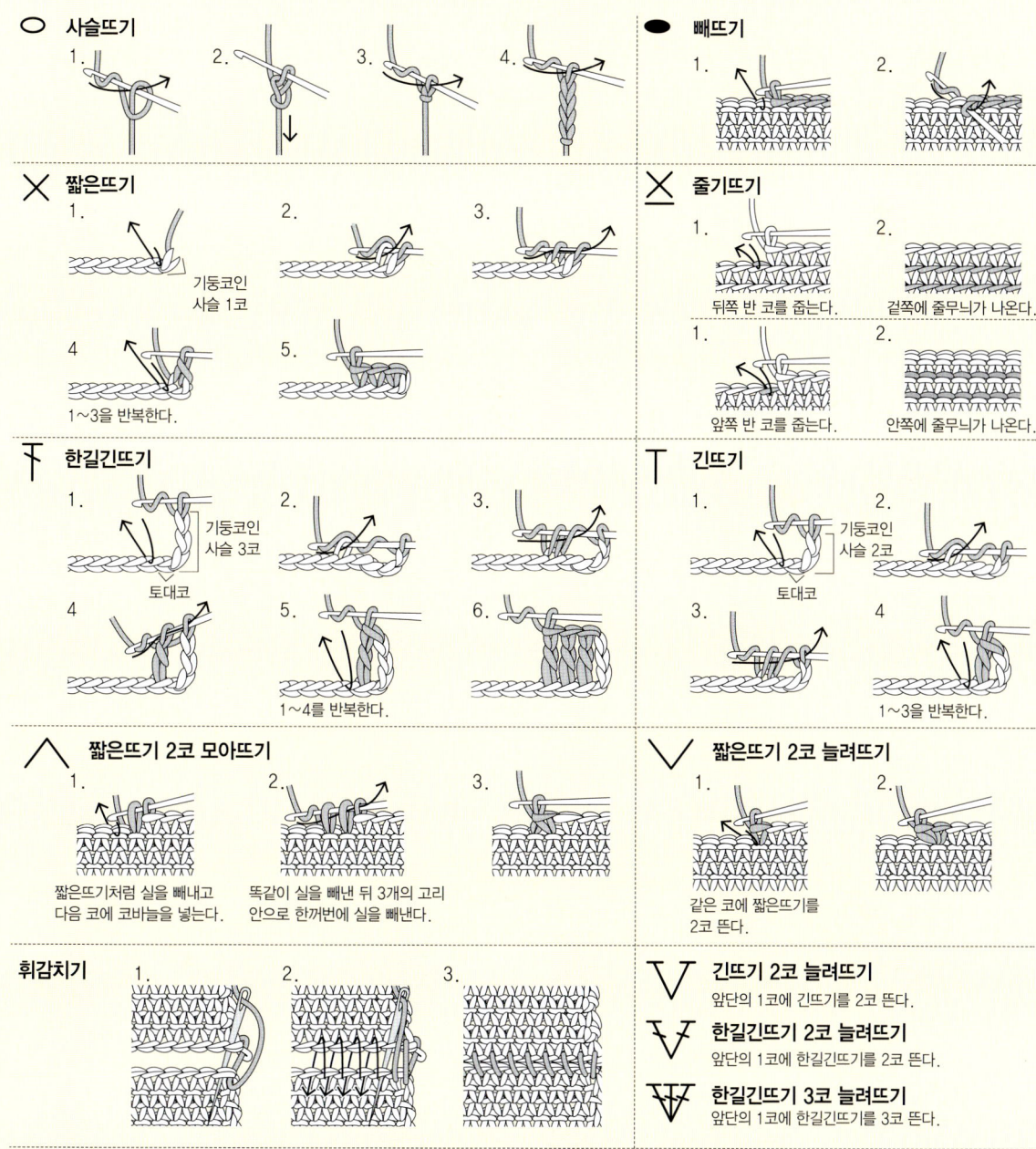

코바늘 손뜨개 기본 기법들을 누구나 쉽고, 재미있게 배울 수 있도록 생생한 동영상 강의를
네이버 행복한 취미생활 DIY 카페 (http://cafe.naver.com/diytp 또는 http://www.diytp.com) 나
터닝포인트출판사 유튜브 채널(https://www.youtube.com/user/diytp)에 제공합니다.

머리말

첫 번째로 펴낸 책 《옷 갈아입는 아미무스 코바늘 손뜨개 인형》에서는 '아미', '미무', '무스'라는 세 명의 여자아이 인형이 등장했어요. 가지각색의 옷과 코디 방법을 소개해 많은 분에게 반향을 일으켜 대단히 뿌듯했답니다.

이번에 나온 두 번째 책에서는 첫 번째 책의 아미, 미무와 함께 '무스야'라는 남자아이가 새롭게 등장합니다.
여자아이는 손뜨개 여자아이 인형을 뜻하는 일본어 '아미구루미 무스메'를 줄여 '아미무스메', 남자아이는 '아미구루미 무스코'를 줄여 '아미무스코'라고 해요. 모두 제가 생각해낸 말인데, 더 줄여서 어느 쪽이나 '아미무스'라고 하지요.

세 아이에게 딱 어울리는 옷을 만들어 예쁘게 꾸며주거나, 방에 장식할 수도 있고, 바깥에 함께 나가 사진을 찍어도 좋아요. 남자아이 인형이 추가되었으니 노는 법도 더 다양해지겠죠.

이번 책의 마감에 쫓겨 하루하루 정신이 없었지만, 옷 디자인과 머리 모양을 생각하고 작품을 뜨는 작업은 무척 즐거워서 정말 알찬 시간이었습니다.
부디 여러분도 '아미무스와 함께'하는 행복한 생활을 누려보셨으면 좋겠습니다.

나루토

Profile

나루토(이데 도모코)

어릴 적부터 엄마의 영향을 받아 수예가 취미가 되었다. 2000년 무렵 친구의 권유로 손뜨개 인형을 만나 2003년부터 오리지널 손뜨개 인형을 제작하기 시작했다. 위탁판매, 통신판매회사를 통한 손뜨개 인형 키트 판매, 핸드메이드 이벤트 참가, 상업 시설 캐릭터 제작, 손뜨개 인형의 광고 기용 등 다방면으로 활약하고 있다. 주로 여자아이 인형을 제작하고 있다.

Homepage: https://amimusu-amigoo.amebaownd.com/
Instagram(계정@amigoo_naruto):
https://www.instagram.com/amigoo_naruto/

아미무스 이야기

옷을 갈아입힐 수 있는
손뜨개 인형 '아미무스'에 남자아이가 들어왔어요!
여자아이 아미무스 '아미'와 '미무'에
훈훈한 남자아이 '무스야'가 추가됐어요.
옷 갈아입히기는 물론이고 친구나 가족처럼 함께 놀아도 좋겠지요.
다음 페이지부터 세 아이를 자세히 소개할게요☆

아미

아미의 프로필
Ami's profile

'아미'는 차분한 초콜릿색 머리에
귀여운 일자 앞머리가 트레이드마크.
똑 부러져서 언니처럼 의지할 수 있는 존재야.
긴 머리에 웨이브를 넣거나 세 갈래로 땋는 등
여러 가지로 스타일링 하는 게 특기!
멋 부리고 외출하는 것도 참 좋아해★

〈기본 아미무스〉

스트레이트×맨다리   트윈테일×맨다리   양 갈래 묶기×검은 양말   웨이브×맨다리   세 갈래 땋기×흰 타이츠

미무

미무의 프로필
Mimu's profile

'미무'는 밝은 벽돌색 머리를 한 여자아이.
앞머리를 살짝 옆으로 넘긴 게 포인트야.
옷을 너무 좋아해서 유행에 대단히 민감해♪
아미랑 같이 쇼핑하기도 좋아한단다♡
머리 모양은 스트레이트 헤어 외에도 웨이브나
트윈테일로 스타일링 하는 걸 즐겨.

바디베리에이션

스트레이트×맨다리   트윈테일×맨다리   웨이브×맨다리

모자의 리본은
얼굴 아래에서 묶어야지.

파란 원피스에는
베레모를 써도 귀여워

무스야

무스야의 프로필
Musuya's profile

'무스야'는 밝은 카페오레색 단발이 잘 어울리는 멋진 남자아이.
운동이라면 뭐든지 잘하는 데다가 무척 활기차고 밝은 성격이야!
아미, 미무와도 금방 친구가 됐어.
캐주얼과 포멀 어떤 옷이든 소화하는 패셔니스타♥

바디베리에이션

맨다리

흰 양말

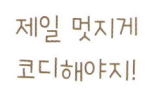

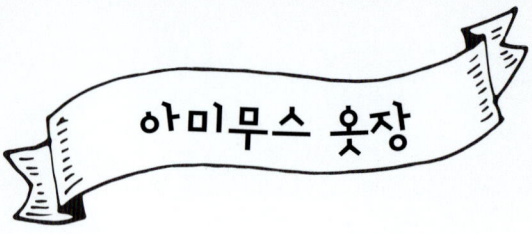
아미무스 옷장

우리가 아끼는 옷을 소개할게!

옷을 바꿔 입으며 놀거나 신발과 가방의 조합을

바꾸기만 해도 어울리게 조합할 수 있어

멋 내기의 폭이 한층 넓어져★

너희는 어떤 코디를 좋아하니?

NOTE

'아미', '미무', '무스야'의 바디(인형 부분)는 이 '기본 아미무스'와 같습니다. 38쪽의 만드는 법을 보면서 제작합니다. '아미(스트레이트)' 이외의 머리 모양과 '무스야'의 얼굴 만드는 법은 각각 P.50의 '원포인트 어드바이스'에 실려 있으며, P.97의 '머리 모양 베리에이션'도 참고합니다.

기본 아미무스

이 책에 실린 모든 아미무스(인형)의 기본이 되는 작품입니다.
바디(인형 부분)는 P.38부터, 원피스는 P.54부터 만드는 법을
과정 사진과 함께 설명합니다.
먼저 아미무스 인형 본체와 원피스를 마스터해 보세요!

01

아미
(스트레이트 × 맨다리)

i 스웨터

j 원피스

k 점퍼스커트

M 몽글몽글 가방

N 바스켓 백

L 부츠

o 몽글몽글 신발

P 부츠

Q 신발

미무의 옷장
Mimu's outfit
03

흰색 니트와 점퍼스커트로
활기찬 스타일의 외출복 완성 ♪
여기에 레이스가 달린 바스켓 백을 매치했어.

combination → I + K + N + P

아미무스 코스튬 스타일

06

산타 아미무스

오늘은 무스야 집에서 크리스마스 파티가 있는 날!
모두 크리스마스에 어울리는
드레스 코드로 모일 거야.
선물도 샀으니 준비는 완벽해♡

ITEM & RECIPE

아미
(양 갈래 묶기×검은 양말)
바디 → P.38
머리 모양 → P.97

+ 후드 달린 케이프
P.70

원피스
P.70

부츠
P.70

앨리스풍 아미무스

줄곧 동경하던 이상한 나라의
앨리스 의상을 입었어 ☆
프릴이 달린 앞치마랑 머리에 묶은
검은 리본도 정말 예뻐♡

08

ITEM & RECIPE

미무
(웨이브 × 맨다리)
바디 → p.38
머리 모양 → p.97

+

원피스
p.74

앞치마
p.74

신발
p.74

머리 장식
p.74

⑩

천사 아미무스

폭신한 순백색 원피스와 머리에는
신성한 엔젤링◎
모두를 웃게 만드는
귀여운 천사가 나타났어♡

등에는 큰 날개가
달려 있어☆

ITEM & RECIPE

미무
(웨이브×맨다리)

바디 → p.38
머리 모양 → p.97

＋

원피스
p.78

고리
p.78

검은 뿔과 뾰족한
꼬리가 포인트야.

⑪

악마 아미무스

난 장난을 너무 좋아하고 심술꾸러기지만
실은 외로움을 잘 타.
빨간 프릴이 달린 원피스가 참 귀엽지☆

ITEM & RECIPE

미무
(트윈테일×맨다리)
바디 → p.38+61
머리 모양 → p.97

+

원피스
p.80

카추샤(머리띠)
p.80

부츠
p.80

롤리타풍 아미무스

프릴이 풍성하게 달린 원피스와
수많은 새하얀 리본.
공주님 같은 롤리타 패션은
여자아이의 영원한 동경이지♡

하늘하늘한
헤드드레스도
정말 좋아

ITEM & RECIPE

 +

아미
(트윈테일×맨다리)
바디 → p.38
머리 모양 → p.97

원피스
p.82

케이프
p.82

머리장식
p.82

부츠
p.82

> 미니 모자
> 모자를 쓰면 세련미 UP!

⑬

고딕풍 아미무스

고상한 검은색 퍼프소매 원피스에
리본과 프릴을 더해서 내가 아주 좋아하는
지나치지 않은 고딕 스타일 완성☆

ITEM & RECIPE

미무
(스트레이트×맨다리)
바디 → p.38
머리 모양 → p.97

\+

원피스
p.84

미니 모자
p.84

부츠
p.84

여자 교복을 입은 아미무스

올해에는 학생회 서기에 입후보했어.
앞으로 어떤 즐거운 학교생활이 기다리고 있을까♪
원피스는 셔츠와 스커트가 합쳐진 스타일이야.
갈색 로퍼와 검은색 양말도 마음에 쏙 들어.

(15)

ITEM & RECIPE

아미
(양 갈래 묶기×검은 양말)
바디 → p.38
머리 모양 → p.97

+

원피스
p.87

자켓
p.87

로퍼
p.87

31

남자아이 마린 스타일 아미무스

올해 여름에는 바다에서 아르바이트를 하게 됐어.
빨간 바탕에 흰 라인이 들어간 수영복을 입고
튜브도 허리에 껴서
언제든지 바다에 들어갈 준비 완료!

⑯

ITEM & RECIPE

무스야
(맨다리)
바디 → p.38
머리 모양 → p.97

\+

수영복
p.89

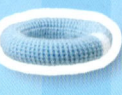
튜브
p.89

여자아이 마린 스타일 아미무스

너무나 좋아하는 핑크색 수영복을 입고
올해에도 바다에 놀러 왔어!
홀터넥 디자인이 마음에 들어, 바다에 들어가기
전에는 준비운동을 확실히 해야겠지★

⑰

ITEM & RECIPE

미무
(트윈테일×맨다리)

바디 → p.38
머리 모양 → p.97

수영복(위)
p.90

수영복(아래)
p.90

간호사 아미무스

상냥한 간호사 이미지에는 분홍색 간호복과
간호 모자가 딱 어울려.
열을 재고 주사를 놓고 진료 기록을 확인하고.
오늘도 척척 일하는 중!

⑱

ITEM & RECIPE

아미
(스트레이트×맨다리)
바디·머리 모양 → p.38

＋

간호복
p.91

간호 모자
p.91

신발
p.91

의사 아미무스

어떤 병이라도 고칠 수 있는 슈퍼 닥터☆
단정한 흰 가운이랑 파란 넥타이가 잘 어울리지?
오늘도 병원 안을 바쁘게 돌아다녀!

⑲

ITEM & RECIPE

무스야 (흰 양말)
바디 → p.38
머리 모양 → p.97

+ 셔츠 p.94 | 흰 가운 p.94 | 바지 p.94 | 신발 p.94

여자아이 머리에는
살포시 베일을
씌우고······

뒤에서 본
실루엣도
귀여워♡

ITEM & RECIPE

무스야
(흰 양말)
바디 → p.38
머리 모양 → p.97

셔츠
p.95

턱시도
p.95

바지
p.95

신발
p.95

아미
(웨이브×맨다리)
바디 → p.38
머리 모양 → p.97

드레스
p.96

베일
p.96

신발
p.96

37

아미무스 바디 만들기
▶▶ Photo P.17

▶ 재료

【실】하마나카 피콜로 #45(살구색) 25g, #1(흰색) 1g, #17(암갈색) 12g 【기타】새틴 리본[3mm 폭](마음에 드는 색) 10cm, 단추눈[10mm] 2개, #25 자수 실(빨간색) 적당량, 블러셔, 솜 15g

머리카락으로 사용하는 하마나카 피콜로(암갈색)는 미무는 #29(적갈색), 무스야는 #21(황토색)으로 변경합니다(양은 동일).

▶ 도구

코바늘 4호(2.5mm)
돗바늘
손바느질용 바늘
면봉
수예용 크래프트 본드
가위
겸자나 솜 넣는 도구

▶ 완성 치수
23cm

▶ 뜨는 법
1 실 고리로 원형코를 만들어 머리, 몸통, 귀, 팔, 다리를 뜬다.
2 귀 이외의 부분에는 솜을 채워준다.
3 얼굴을 완성하고 코를 스트레이트 스티치로 수놓는다. 단추 눈을 달아주고, 입을 체인 스티치로 수놓는다.
4 머리의 정수리 부분은 마지막 코를 오므려준다.
5 머리에 귀를 단 뒤 몸통을 단다.
6 몸통과 팔과 다리를 바느질하여 고정하고 리본은 본드로 붙여 단다.
7 머리에 머리카락을 심는다.
8 면봉으로 볼에 블러셔를 바른다.

'아미(스트레이트×맨다리)'로 설명합니다.

완성

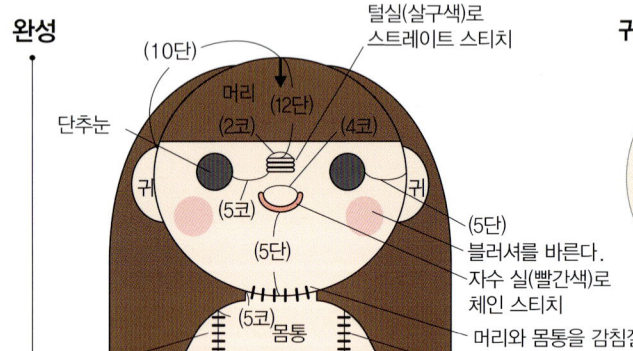

23cm

머리 (10단)
머리 (12단)
(2코) (4코)
단추눈
귀 귀
(5코)
(5단)
(5단)
몸통 (5코)
(9코) 간격을 띄운다.
팔 (4단)
솜※ 솜※
다리 다리
(3단)
솜※

털실(살구색)로 스트레이트 스티치
블러셔를 바른다.
자수 실(빨간색)로 체인 스티치
머리와 몸통을 감침질한다.
새틴 리본으로 나비매듭을 짓고 본드로 붙인다.

★ 마지막 단 부분을 납작하게 접어 감침질한다.
※ 팔, 다리는 솜을 각 부분의 8할 정도까지 넣는다.
※ 머리, 몸통은 빈틈없이 솜을 채운다.

귀 2장 실: □ = 살구색

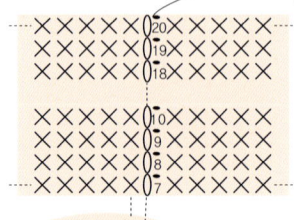

실을 길게 남겨, 마지막 단을 반 접어 감침질한다.

귀의 콧수 표

단수	콧수
3	14코
2	14코(+7코)
1	7코

팔 2장 ※솜을 넣는다.
실: □ = 살구색

실을 길게 남겨, 마지막 단을 반 접어 감침질한다.

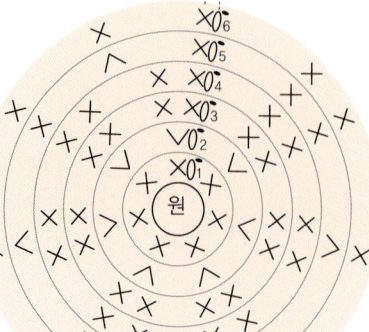

팔의 콧수 표

단수	콧수
20	10코
19	10코
7~18	10코
6	10코
5	10코(-4코)
4	14코
3	14코
2	14코(+7코)
1	7코

머리 1장 ※솜을 넣는다.   실 :□ = 살구색

남은 실로 마지막 단의 반 코를 감침질하여 오므린다.

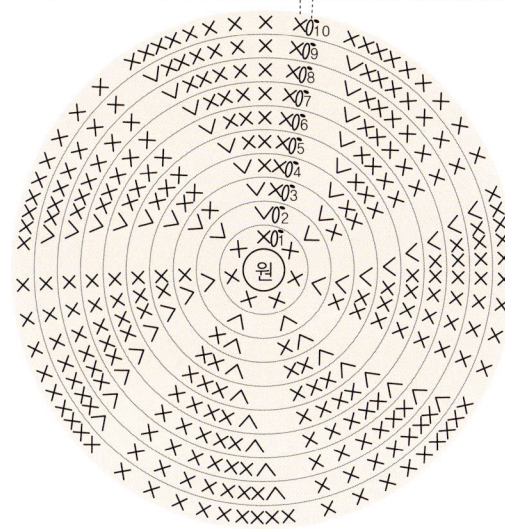

◁ = 실을 연결(시작)
◀ = 실 자르기
○ = 사슬뜨기
● = 빼뜨기
× = 짧은뜨기
∨ = 짧은뜨기 2코 늘려뜨기
∧ = 짧은뜨기 2코 모아뜨기

머리의 콧수 표

단수	콧수
21	14코(-7코)
20	21코(-7코)
19	28코(-7코)
18	35코(-7코)
17	42코(-7코)
16	49코(-7코)
15	56코(-7코)
10~14	63코
9	63코(+7코)
8	56코(+7코)
7	49코(+7코)
6	42코(+7코)
5	35코(+7코)
4	28코(+7코)
3	21코(+7코)
2	14코(+7코)
1	7코

다리의 콧수 표

단수	콧수
7~34	14코
6	14코(-2코)
5	16코
4	16코
3	16코
2	16코(+8코)
1	8코

몸통 1장 ※솜을 넣는다.
실 :□ = 흰색 □ = 살구색

남은 실로 감침질하여 머리와 연결한다.

다리 2장 ※솜을 넣는다.
실 :□ = 살구색

남은 실로 감침질하여 몸통에 연결한다.

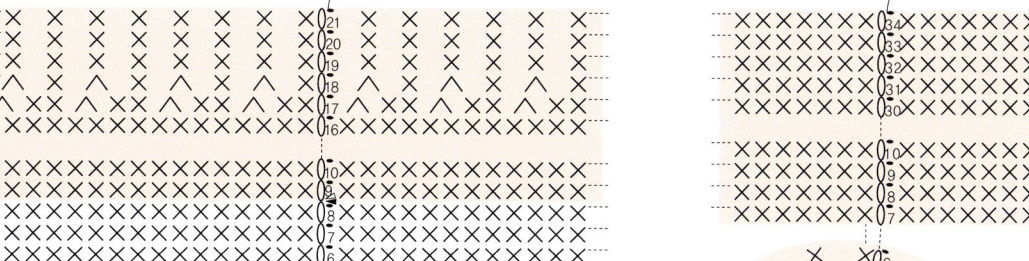

※ 8단까지의 실은 9단의 4코까지 감싸며 뜬 뒤 자른다.

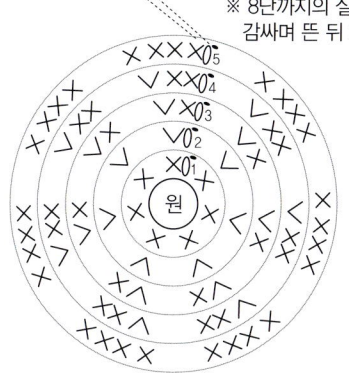

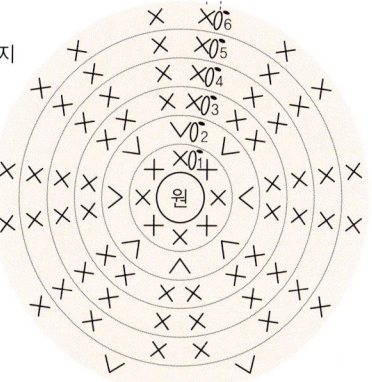

몸통의 콧수 표

단수	콧수
19~21	14코
18	14코(-7코)
17	21코(-7코)
9~16	28코
5~8	28코
4	28코(+7코)
3	21코(+7코)
2	14코(+7코)
1	7코

머리 만들기

◎ **시작코**(실 고리로 원형코 만들기)

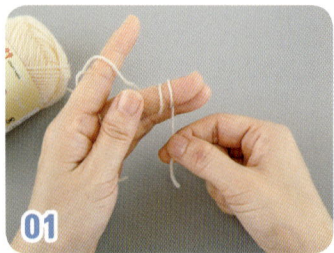

왼손 검지에 살구색 실을 걸치고 중지에 실을 2번 감아 고리를 만든다.

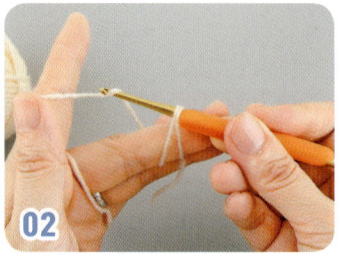

두 겹의 고리 안에 코바늘을 넣고 실을 걸어 앞으로 빼낸다.

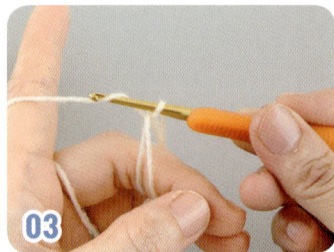

다시 코바늘 끝에 실을 걸어 빼낸다.

◎ **짧은뜨기**

기둥코 1코를 뜬 모습

고리 안에 화살표와 같이 코바늘을 넣고 실을 걸어 빼낸다.

다시 실을 걸어 화살표와 같이 코바늘에 걸린 2개의 고리 안으로 한꺼번에 빼낸다.

짧은뜨기를 1코 뜬 모습

5와 6의 과정을 반복해 짧은뜨기를 6코 더 뜬다. 1단은 짧은뜨기를 7코 뜬다.

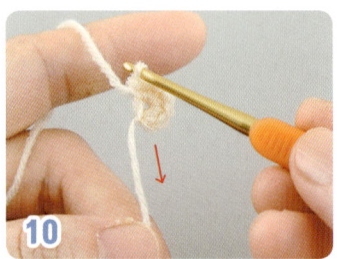

짧은 실 끝을 살짝 당겨 줄어드는 실 가닥을 찾고, 그다음에 방금 줄인 고리의 실을 끌어내 다른 1가닥의 고리를 줄여서 원형코를 작게 만든다.

짧은 실 끝을 다시 세게 당겨서 원형코를 정돈한다.

1번째 코의 짧은뜨기 머리에 코바늘을 넣는다.

코바늘에 실을 걸어 빼낸다. 1단을 뜬 모습(빼뜨기)

◎ 짧은뜨기 2코 늘려뜨기

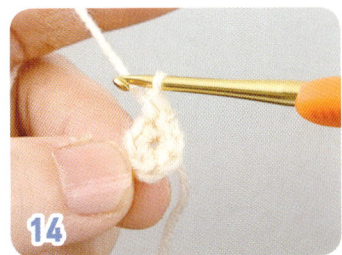

13 2단을 뜬다. 기둥코인 사슬 1코를 뜬다.

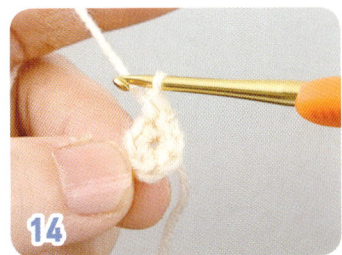

14 앞단의 1번째 코 머리에 코바늘을 넣어 짧은뜨기를 뜬다.

15 다시 한 번 같은 코에 코바늘을 넣어 짧은뜨기를 뜬다. 짧은뜨기를 2번 뜬 모습

16 다음 코에도 똑같이 앞단의 짧은뜨기 머리에 코바늘을 넣어 짧은뜨기를 2코 떠 넣는다.

17 짧은뜨기를 14코 뜬 뒤 1번째 코의 짧은뜨기에 코바늘을 넣고 실을 걸어 빼낸다. 2단을 뜬 모습

18 3단을 뜬다. 기둥코인 사슬 1코를 뜬다.

19 앞단의 1번째 코에 코바늘을 넣어 짧은뜨기를 뜬다. 다음 코는 짧은뜨기를 2번 뜬다.

20 짧은뜨기와 짧은뜨기 2코 늘려뜨기를 반복해 총 21코를 뜬다.

21 1번째 코의 짧은뜨기에 코바늘을 넣고 실을 걸어 빼낸다. 빼뜨기로 3단을 뜬 모습

22 4단 이후에도 뜨개 도안대로 짧은뜨기와 짧은뜨기 2코 늘려뜨기를 반복해 9단까지 뜬다.

23 10단부터 14단까지는 증감 없이 뜬다.

24 15단을 뜬다. 기둥코인 사슬 1코를 뜬 뒤 짧은뜨기를 7코 뜬다.

◎ 짧은뜨기 2코 모아뜨기

앞단의 짧은뜨기 머리에 코바늘을 넣고 실을 걸어 빼낸다.

다시 다음 코에 코바늘을 넣고 실을 걸어 빼낸다. 실을 걸어 코바늘에 걸린 3개의 고리 안으로 한꺼번에 빼낸다.

짧은뜨기 2코 모아뜨기를 뜬 모습

짧은뜨기 7코+짧은뜨기 2코 모아뜨기를 6번 더 반복해 총 56코를 뜬다. 빼뜨기를 해서 15단을 뜬 모습

16단 이후에도 도안대로 짧은뜨기와 짧은뜨기 2코 모아뜨기를 반복해 21단까지 뜬다. 머리를 완성(사진은 뜨기 시작 부분을 위로 놓은 모습).

몸통을 만든다

흰색 실로 뜨기 시작한다. 실 고리로 원형코를 만들어 코를 만들고 뜨개 도안대로 4단까지 코를 늘리면서 뜬다.

5단부터 8단까지는 증감 없이 뜬다. 8단의 마지막 1코를 뜨는 모습

◎ 실 바꿔 달기

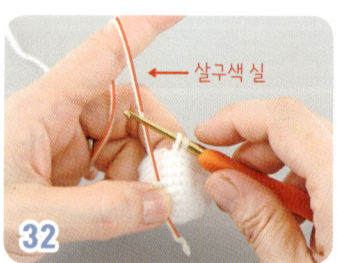
← 살구색 실

마지막 짧은뜨기에서 실을 빼낼 때, 9단부터 사용할 살구색 실로 바꿔서 빼낸다(사진에서는 실 색깔을 바꿨다).

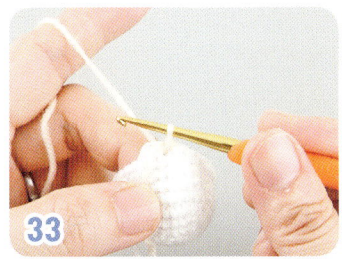

33

8단의 1번째 코의 짧은뜨기 코에 빼뜨기한 후 1코 짧은뜨기를 한 모습

34

9단을 뜬다. 살구색 실로 처음 떴던 흰색 실을 4코 정도 함께 감싸며 뜬 뒤, 남은 실을 자른다.

35

9~16단은 증감 없이 뜬다. 16단까지 뜬 모습

팔, 다리, 귀를 만든다

솜을 넣는다

36

17단과 18단은 코를 줄이면서 뜨고 19~21단은 다시 증감 없이 뜬다. 몸통을 완성했다.

37

실 고리로 원형코를 만들어 뜨개 도안대로 떠서 팔, 다리, 귀를 각각 2장 만든다. 실 끝은 각각 30㎝ 정도 남긴다.

38

귀 이외의 부분에 솜을 넣는다. 머리와 몸통은 빈틈없이 넣는다. 머리는 약간 옆으로 긴 타원형이 되게, 얼굴 부분이 평평해지게끔 다듬으면서 채운다.

얼굴을 완성한다

◎ 스트레이트 스티치

39

팔과 다리는 위쪽까지는 채우지 말고 전체의 8할 정도까지 넣는다. 가느다란 부분은 막대를 사용하고, 다리 끝부분은 발끝을 만들듯이 모양을 다듬으면서 채운다.

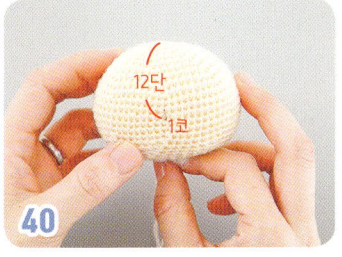

40

코를 스트레이트 스티치로 수놓는다. 돗바늘에 살구색 털실을 꿰고 끝을 묶어 매듭을 지은 뒤 머리 아래에서 돗바늘을 넣는다. 머리의 뜨기 시작 부분에서 12단 아래, 중앙에서 1코 오른쪽으로 돗바늘을 뺀다.

41

2코 왼쪽에 돗바늘을 넣는다.

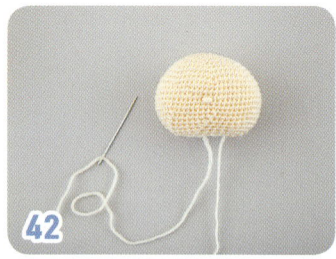

40과 41의 과정을 5~6번 반복해 수놓는다. 코를 완성하고 실은 돗바늘에 꿴 채로 둔다.

눈을 단다. 먼저 코끝에서 5코 옆에 막대나 송곳 등으로 작은 구멍을 낸다.

코를 수놓은 돗바늘을 방금 낸 구멍에서 빼내 단추눈을 꿴 뒤 다시 돗바늘을 넣는다.

실은 뒤통수로 뺀 뒤 눈이 약간 움푹 들어가게끔 조금 세게 당긴다.

뒤통수에서 매듭을 짓고 실을 자른다.

눈을 완성

◎ 체인 스티치

입을 수놓는다. 손바느질용 바늘에 자수 실을 꿰고 끝을 묶어 매듭을 지은 뒤 머리 아래에서 바늘을 넣는다. 코끝에서 1코 오른쪽, 2단 아래로 바늘을 뺀다.

체인 스티치를 한다. 머리를 90°회전시켜서 들고, 48의 과정에서 바늘을 뺀 곳에 바늘을 넣은 뒤 왼쪽 대각선으로 뺀다. 사진처럼 실을 고리 모양으로 만들어 바늘 아래에 넣는다.

실을 당긴 모습

방금 만든 고리 안에 바늘을 넣는다.

왼쪽 대각선으로 바늘을 빼고 실을 고리 모양으로 만들어 바늘 아래에 넣는다.

실을 당겨 체인 스티치를 2개 수놓은 모습

51과 52의 과정을 반복해 반원형으로 수놓는다(연필이나 초크펜 등으로 입 모양을 그려 두고 그 위에서 수놓아도 좋다). 입을 완성

: 각 부분을 짜 맞춘다 :

◎ 돗바늘 마무리

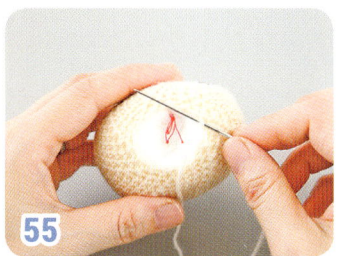

마지막 단의 끝을 바느질한 후 당겨 오므린다. 코를 수놓은 실은 자르고, 머리를 뜨고 남은 털실을 돗바늘에 꿴 뒤 머리 마지막 단의 코를 반코씩 바깥쪽에서 안쪽으로 줍는다.

실을 한 바퀴 통과시킨 뒤 당겨서 구멍을 작게 만든다. 매듭을 짓고 실을 자른다.

◎ 감침질

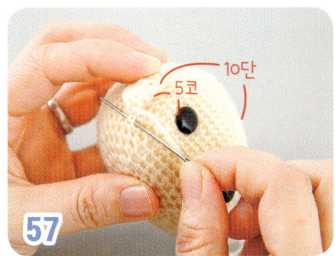

귀를 단다. 귀를 뜨고 남은 털실을 돗바늘에 꿰고 머리 시작 단의 10단 아래, 눈 끝에서 5코 옆에 귀 위쪽이 오도록 위치한다. 귀를 반으로 접은 상태로 귀 아래쪽과 머리를 감침질하여 연결한다.

귀 안쪽과 머리를 감침질한다. 귀의 반코와 그 옆쪽 머리의 코를 주워 실이 가로로 걸치도록 꿰맨다.

귀 안쪽의 윗부분까지 꿰매 단 뒤, 머리를 고쳐 잡고 귀 겉쪽을 감침질한다.

다른 한쪽도 똑같이 단다. 귀를 꿰매 단 모습

몸통과 머리를 꿰매 잇는다. 몸통을 뜨고 남은 털실을 돗바늘에 꿰고 몸통의 뜨기 끝단과 머리 시작 단의 코를 주우면서 한 바퀴 감침질한다.

머리와 몸통을 꿰매 이은 모습

팔을 단다. 팔을 뜨고 남은 털실을 돗바늘에 꿰고 몸통의 마지막 단에서 5단 아래에 팔과 팔 사이의 간격을 9코 띄워서 팔을 감침질한다.

한쪽을 꿰매 단 뒤 몸통을 고쳐 잡고 다른 한쪽을 감침질한다.

팔과 몸통을 꿰매 이은 모습

다리를 단다. 다리를 뜨고 남은 털실을 돗바늘에 꿰고 몸통의 뜨기 시작 부분을 중심으로 좌우로 하나씩 몸통에 감침질한다.

다리와 몸통을 꿰매 이은 모습

새틴 리본으로 나비매듭을 짓고 몸통의 흰색 부분 위에 본드로 붙인다.

머리카락을 심는다

여기서부터는 '아미(스트레이트)'의 머리카락 심는 법을 설명합니다. 다른 머리 모양은 P.97의 '머리 모양 베리에이션'과 P.50의 '원포인트 어드바이스'를 보면서 응용해 만듭니다.

69
머리카락용 실을 준비한다. 40㎝로 자른 암갈색 털실을 130~150가닥 준비한다.

70
가마의 머리카락을 심는다. **69**의 실 2가닥을 반으로 접고, 머리 1단에 코바늘을 찔러 넣는다. 프린지를 다는 요령으로 반으로 접은 실의 고리에 코바늘을 걸어 끌어낸다.

71
코바늘에 실 4가닥을 걸어 고리 안으로 빼낸 뒤 실을 당긴 모습

72
70과 **71**의 과정을 반복해 머리 1단의 7코 모두에 실을 단다. 가마를 만들어 준 모습

73
앞머리를 심는다. 2가닥의 실로 가마에서부터 귀를 향해 총 10코의 실을 단다.

74
반대쪽도 똑같이 2가닥의 실을 10코에 실을 단다. 앞머리를 심은 모습

75
뒷머리를 심는다. 앞머리의 바로 뒤쪽 단을 주워 2가닥의 실로 가마에서부터 귀를 향해 총 10코에 실을 단다.

76
반대쪽도 똑같이 실을 달아 뒷머리를 심은 모습

77
뒷머리의 바로 뒤쪽 단에 머리카락을 더 심는다. 2가닥의 실로 가마에서부터 좌우 6코에 실을 단다.

앞머리를 머리 안으로 꿰맨다. 중앙 부분의 실을 1가닥 돗바늘에 꿰고 눈 윗부분에서 1단 위쪽의 라인에 돗바늘을 넣는다.

실을 머리 안으로 넣는다.

실은 뒤통수로 빼낸 뒤 돗바늘에서 뺀다.

78~80의 과정을 반복해 마지막 1다발(4가닥 정도)을 남기고 중앙에서부터 오른쪽을 향해 차례로 곧게 앞머리를 꿰매 간다. 이때 관자놀이 근처의 앞머리가 많아 보일 경우에는 심어 놓은 실을 2다발 정도 빼도 좋다.

마지막 1다발은 귀 중앙 정도의 길이로 꿰맨다.

반대쪽도 똑같이 꿰매서 앞머리를 완성한 모습

가마에서 실을 1다발 잡아 돗바늘에 꿰고 귀 뒤쪽에 꿰맨다. 귀 아래와 같은 라인이나 1단 아래쯤에 꿰맨다.

뒤통수에서 나와 있는 앞머리의 남은 실을 가위로 바짝 자른다.

뒷머리를 올린 상태로 뒤통수에 본드를 골고루 바른다.

뒤쪽 머리카락부터 차례로 1다발씩 똑바로 뒤통수에 붙여 간다.

88

뒤통수의 살구색 부분이 보이지 않도록 꼼꼼히 손가락으로 정리하여 붙인다. 뒤통수에 머리카락을 모두 붙인 다음 남은 뒷머리는 그대로 내린다.

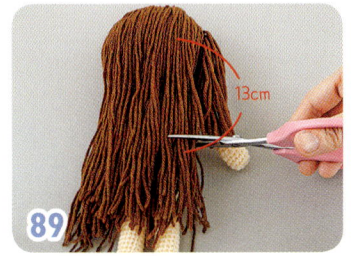
89

뒷머리를 가지런히 자른다. 정수리에서 약 13㎝ 정도 길이로 허리 라인에 오도록 가위로 곧게 자른다. 세 갈래 땋기 등 변형을 할 경우에는 조금 길게 하면 좋다.

몸통을 만든다

90

면봉에 블러셔를 묻혀 볼에 톡톡 바른다.

91

바디를 완성

▷▷▷ **이 책에서 주로 사용한 털실**
(사진은 실물 크기)

① 하마나카 피콜로
② 하마나카 익시드 울 FL〈합태〉
③ 하마나카 푸가
④ 하마나카 루나 몰
⑤ 하마나카 루포

이 실은 모두 하마나카 주식회사의 상품입니다. 문의처는 P.3을 참고합니다.

아미무스 만들기 원포인트 어드바이스

아미무스의 얼굴과 몸을 만들 때 알아 두면 좋은 다양한 팁을 소개합니다.

> 아미, 미무

A ★ 미무의 앞머리와 아미·미무의 트윈테일 만드는 법

POINT!
트윈테일은 다른 머리 모양과 달리 뒤통수에 '뒷머리' 머리에 바느질하여 고정합니다. 앞머리를 심을 때 귀 위쪽으로 실을 빼내 트윈테일 머리카락으로 만듭니다. 여기서는 미무의 바디를 사용해 미무의 옆으로 넘긴 앞머리를 심는 과정에 이어서 트윈테일 만드는 법을 설명합니다.

01 P.46의 **68**에서 만든 머리카락을 심기 전의 바디를 준비한다. P.98의 뜨개 도안을 참고해 뒷머리를 만든다(여기서는 머리 부분만으로 설명한다).

02 뒷머리의 뜨기 끝 부분의 실로 시계 방향으로 뒤통수에 감침질한다.

03 뒷머리를 감침질하여 고정한 모습

04 P.46의 **69~74**를 참고해 앞머리를 심는다(뒷머리는 심지 않으므로 머리카락용 털실은 70가닥 정도면 된다). 중앙에서 반으로 나눈다.

05 앞머리를 꿰맨다. 먼저 반으로 나눈 왼쪽 실부터 꿰매 단다. 실을 2다발(8가닥 정도) 남겨 왼쪽 끝으로 옮기고, 그 오른쪽 실을 1가닥 돗바늘에 꿰어 눈 윗부분에서 1단 위, 눈구석에서 중앙으로 1코 옆쪽에 돗바늘을 넣는다.

06 돗바늘을 머리 안으로 넣어 뒷머리 쪽으로 실을 빼낸다. 이때 귀 위쪽에서 1㎝, 앞머리 가장자리에서 1㎝ 되는 곳을 기준으로 한다.

07

반으로 나눈 왼쪽 실을 모두 사선으로 꿰매서 귀 뒤로 빼낸다. 왼쪽 끝으로 옮긴 실도 귀 중앙 정도의 길이로 꿰매서 귀 뒤로 빼낸다.

08

귀 뒤로 빼낸 실을 한 가닥 잡아 뿌리에서 빙빙 감아 묶는다. 오른쪽 실은 P.48의 **81**, **82**처럼 앞머리를 꿰매서 귀 뒤로 빼내 트윈테일로 만든다.

★ 아미의 앞머리는 P.48~49처럼 진행해 머리카락을 절반씩 좌우로 나눠 트윈테일로 만든다.(뱅스타일)

★ B 웨이브 헤어 만드는 법

01

뒷머리를 좌우로 나눠 한쪽씩 단단히 세 갈래로 땋은 뒤, 남은 털실이나 머리끈 등으로 머리끝을 묶는다.

02

세 갈래로 땋은 머리에 스팀다리미로 증기를 쐬어준 뒤 5~6시간(가능하면 하룻밤) 그대로 둔다. 머리를 풀고 웨이브를 정돈한다.

POINT!

스팀다리미로 증기를 충분히 쐬어준 뒤 잠시 만지지 않고 그대로 두어 확실히 자국을 냅니다. 웨이브로 하면 머리카락이 조금 짧아지므로 사전에 뒷머리는 길게 잘라 두면 좋습니다.

아미, 미무

★ C 양 갈래로 묶는 법

POINT!

귀보다 아랫부분에서 좌우 균등하게 묶습니다.

뒷머리를 좌우로 나눠 한쪽씩 귀 아래에서 머리카락을 모아서 머리끈 등으로 묶는다.

아미

D 세 갈래로 땋는 법

POINT!
C의 양 갈래로 묶는 요령으로 귀 아래에 세 갈래로 땋는 부분이 오도록 묶습니다.

뒷머리를 좌우로 나눠 한쪽씩 세 갈래로 땋은 뒤 머리끈으로 묶는다.

무스야

POINT!
무스야는 눈썹과 머리 모양 이외에는 기본 아미무스(바디)와 만드는 방법이 같습니다. 오른쪽 눈 위에 눈썹을 한 줄 수놓아 남자아이답게 만듭니다. 무스야의 머리카락은 피콜로 황토색(#21)으로 만듭니다.

E 눈썹 수놓는 법

01
P.46의 **68**에서 만든 머리카락을 심기 전의 바디를 준비한다(여기서는 머리 부분만으로 설명한다). 손바느질용 바늘에 자수 실(검은색) 6겹을 꿴다. 머리 아래에서 바늘을 넣는다. 오른쪽 눈의 바로 위쪽, 눈에서 1단 위쪽으로 바늘을 뺀다.

02
스트레이트 스티치로 뜨개 단의 라인을 따라 5코만큼 수놓는다.

03
가볍게 실을 당긴 뒤 머리 아래에서 매듭을 짓고 실을 자른다.

무스야

F 머리 모양 만드는 법

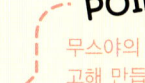

POINT!
무스야의 앞머리는 미무와 같으므로 P.42의 미무의 앞머리 만드는 법을 참고해 만듭니다. 실제로 머리카락을 심을 때에는 몸통과 팔다리를 꿰매 이은 뒤 마지막에 심으나, 여기서는 머리 부분만으로 설명했습니다.

01

02

03

P.47~48의 69~88을 참고해 머리카락을 심는다(앞머리는 미무와 동일. 뒷머리도 심은 다음 본드로 붙인다). 길게 남은 뒷머리를 얼굴 윤곽에서 5mm 정도 아래를 기준으로 윤곽을 따라 잘라 간다.

뒷머리는 약간 층지도록 해서 보기 좋게 다듬는다.

앞에서 본 모습

아미, 무스야

G 양말과 타이츠 뜨는 법

아미
(양 갈래 묶기×검은 양말)
의 경우

아미
(세 갈래 땋기×흰 타이츠)
의 경우

무스야
(흰 양말)의 경우

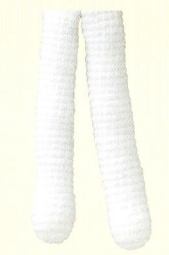

POINT!
색을 바꾸는 단을 외워 둡니다.

다리의 뜨기 시작 부분에서부터 12단을 검은색(#20)으로 뜬 뒤 이어서 살구색으로 뜬다.

다리의 모든 뜨개 단을 흰색(#1)으로 뜬다.

다리의 뜨기 시작 부분에서부터 12단을 흰색(#1)으로 뜬 뒤 이어서 살구색으로 뜬다.

기본 원피스 만들기
▶▶ Photo P.17

▶ 재료

【실】····· 하마나카 피콜로 #7(오렌지색) 20g
【기타】·· 단추[6mm](오렌지색) 2개, 똑딱단추[6mm] 4개, 자수 실(오렌지색) 적당량

▶ 도구
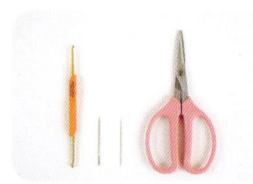

코바늘 4호(2.5mm)
돗바늘
손바느질용 바늘
가위

▶ 완성 치수
길이 10cm

▶ 뜨는 법
1 사슬뜨기로 코를 만들어 뜨개 도안대로 스커트 아랫부분을 25단 뜬다. 이어서 윗부분을 뜬다. 실을 연결하여 10코를 주워 3단 뜬다. 간격을 5코 띄워서 실을 연결하여 9코를 주워 3단 뜬다. 다시 간격을 5코 띄워서 실을 연결하여 10코를 주워 3단 뜬다. 시작 부분에 실을 연결하여 나머지 3단을 뜬다.
2 진동둘레에 실을 연결하여 소매를 뜬다.
3 단추, 똑딱단추를 꿰매 단다.

<원피스> 완성

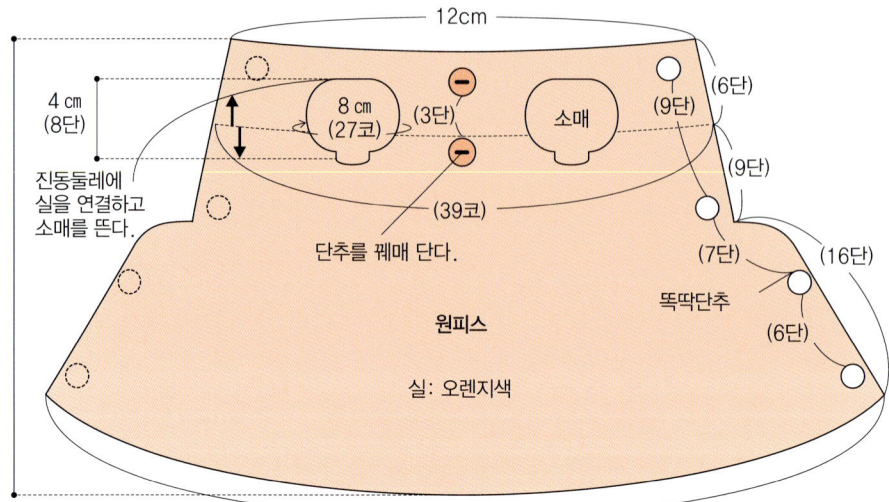

소매
실: 오렌지색

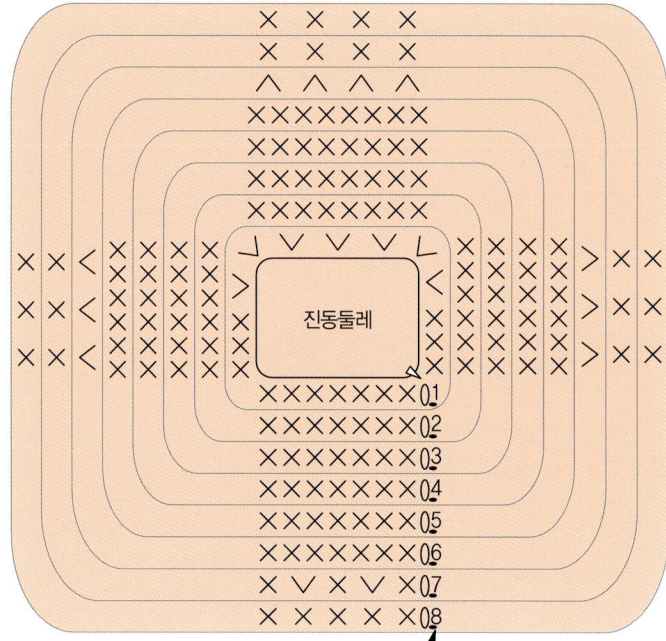

◁ = 실 연결
◀ = 실 자르기
○ = 사슬뜨기
● = 빼뜨기
✕ = 짧은뜨기
∨ = 짧은뜨기 2코 늘려뜨기
∧ = 짧은뜨기 2코 모아뜨기

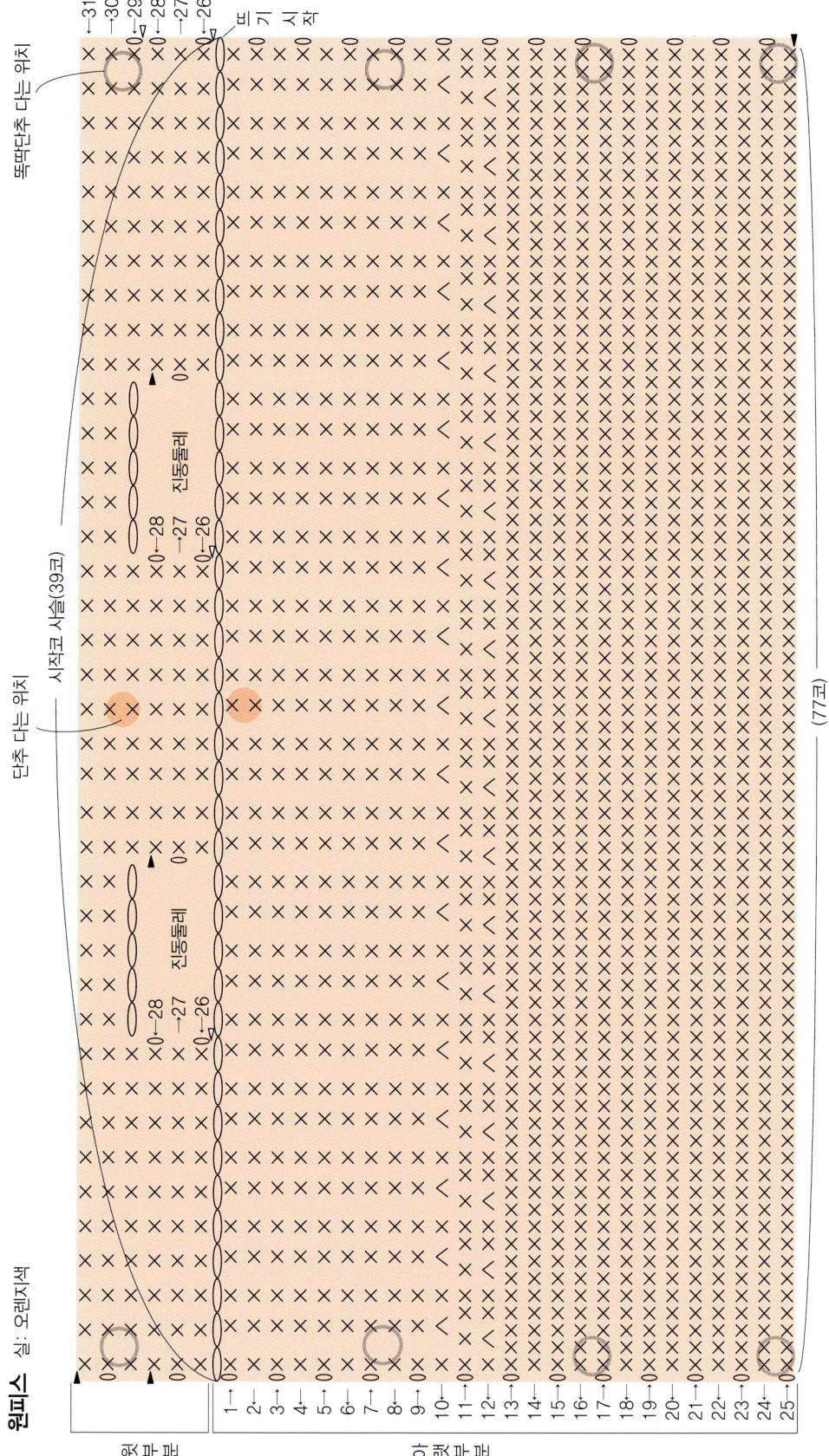

뜨기 시작

◎ 시작코(사슬뜨기)

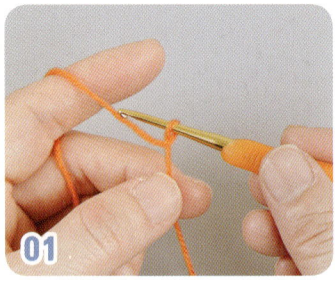

01

왼손에 실을 걸치고 코바늘에 사진과 같이 실을 감는다.

02

코바늘에 실을 걸어 빼낸다.

03

실 끝을 당겨서 고리를 조인다.

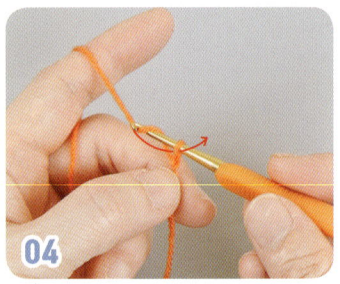

04

코바늘에 실을 걸어 화살표와 같이 빼낸다.

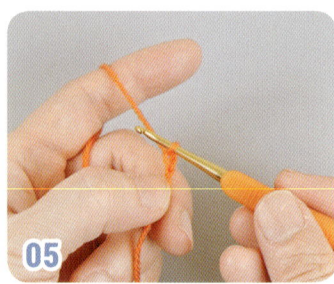

05

실을 빼내서 사슬뜨기를 1코 뜬 모습

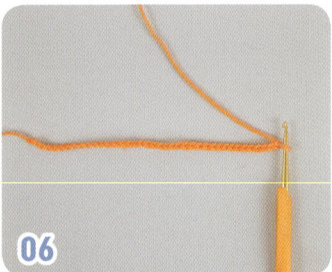

06

4와 5의 과정을 반복해 시작코 사슬을 39코 뜬다.

배 부분 만들기

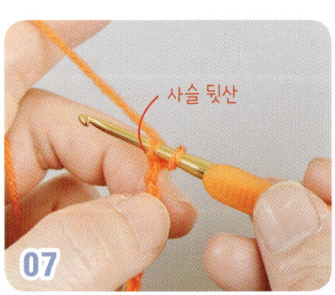

07

기둥코인 사슬 1코를 뜬 뒤 다음 코의 사슬 뒷산에 코바늘을 넣는다.

08

실을 걸어 빼낸 뒤 다시 실을 걸어 코바늘에 걸린 2개의 고리 안으로 한꺼번에 빼낸다.

09

짧은뜨기를 1코 뜬 모습

10

같은 과정을 반복해 짧은뜨기를 39코 떠서 1단을 뜬 모습

11

이어서 기둥코인 사슬 1코를 뜬다. 뜨개바탕을 뒤집는다(반시계 방향으로).

12

2단 이후에는 뜨개 도안을 보며 짧은뜨기를 39코씩 떠서 9단까지 뜬다.

스커트 부분 만들기

13

10단을 뜬다. 기둥코인 사슬 1코를 뜬 뒤 짧은뜨기를 1코 뜬다.

14

다음 코는 짧은뜨기를 2코 떠 넣는다.

15

13과 **14**의 과정을 반복해 짧은뜨기를 총 58코 뜬다. 10단을 뜬 모습

16

11단은 짧은뜨기를 58코 뜨고 12단에서 뜨개 도안대로 코를 늘린다. 13단 이후에는 짧은뜨기를 77코씩 떠서 25단까지 뜬다(사진은 뜨기 시작 부분을 위로 놓았다).

원피스의 스커트 부분!

가슴, 어깨 부분 만들기

시작코 사슬의 앞쪽 반코를 주워 새로운 실을 연결한다.

기둥코인 사슬 1코를 뜬 뒤 이어서 짧은뜨기를 10코 뜬다. 기둥코인 사슬 1코를 뜬 뒤 뜨개바탕을 뒤집는다.

똑같이 짧은뜨기를 10코 떠서 총 3단을 뜬다.

간격을 5코 띄워서 실을 연결하고 기둥코인 사슬 1코를 뜬 뒤 이어서 짧은뜨기를 9코 뜬다. 기둥코인 사슬 1코를 뜬 뒤 뜨개바탕을 뒤집는다.

똑같이 짧은뜨기를 9코 떠서 총 3단을 뜬다.

간격을 5코 띄워서 실을 연결하고 기둥코인 사슬 1코를 뜬 뒤 이어서 짧은뜨기를 10코 뜬다. 기둥코인 사슬 1코를 뜬 뒤 뜨개바탕을 뒤집는다.

똑같이 짧은뜨기를 10코 떠서 총 3단을 뜬다. 28단을 뜬 모습

29단은 새로 실을 연결하고 짧은뜨기 10코, 사슬 5코, 짧은뜨기 9코, 사슬 5코, 짧은뜨기 10코를 뜬다.

30, 31단은 짧은뜨기를 39코 뜬다. 실을 정리한다.

소매 뜨기

26 지정 위치에 실을 달아 뜨개 도안대로 소매를 뜬다.

27 시계 방향으로 한 바퀴 떠서 1단을 뜬 모습

28 양 소매 모두 똑같이 뜬다.

마무리

29 손바느질용 바늘에 자수 실을 꿴 뒤 가슴에 단추를 2개 꿰매 단다.

30 지정 위치에 똑딱단추를 4개 꿰매 단다.

31 기본 원피스 완성!

32 기본 아미무스에 원피스를 입힌 모습

아미무스 backstyle

이 책에 나온 아미무스들의
뒷모습을 소개합니다.
아미무스를 뜰 때 참고하세요☆

 P.18 아미무스 옷장 (아미)
 P.19 아미무스 옷장 (미무)
 P.20 아미무스 옷장 (무스야)
 P.21 아미무스 옷장 (무스야)
 P.22 산타 아미무스

 P.23 순록 아미무스
 P.24 앨리스풍 아미무스
 P.25 빨간 두건풍 아미무스
 P.26 천사 아미무스
 P.27 악마 아미무스

 P.28 롤리타풍 아미무스
 P.29 고딕풍 아미무스
 P.30 남자 교복을 입은 아미무스
 P.31 여자 교복을 입은 아미무스
 P.32 남자아이 마린 스타일 아미무스

 P.33 여자아이 마린 스타일 아미무스
 P.34 간호사 아미무스
 P.35 의사 아미무스
 P.36 웨딩 아미무스 (무스야)
 P.37 웨딩 아미무스 (아미)

02 아미의 옷장
▶▶ Photo P.18

▶ 재료
A 【실】…… 하마나카 피콜로 #2(오프화이트색) 15g
B 【실】…… 하마나카 피콜로 #2(오프화이트색) 11g
　【기타】… 똑딱단추[6mm] 3개, 바느질실(흰색) 적당량
C 【실】…… 하마나카 피콜로 #36(남색) 14g
　【기타】… 똑딱단추[6mm] 2개, 바느질실(남색) 적당량
D 【실】…… 하마나카 피콜로 #8(노란색) 4g
　【기타】… 리본 모양 단추 1개
E 【실】…… 하마나카 피콜로 #21(황토색) 2g
F 【실】…… 하마나카 피콜로 #21(황토색) 3g
G 【실】…… 하마나카 피콜로 #24(녹색) 2g
　【기타】… 매듭줄(검은색) 40cm
H 【실】…… 하마나카 피콜로 #1(흰색) 2g, #43(물색) 2g
　【기타】… 가죽끈[5mm 폭] 7.5cm

▶ 도구
코바늘 4호(2.5mm), 돗바늘, 손바느질용 바늘,
하마나카 구루쿠루 폼폼 메이커(지름 3.5cm)

▶ 완성 치수
A … 머리둘레 24cm×높이 5.5cm
B … 길이 6.5cm
C … 길이 14cm, 어깨끈 8.5cm
D … 가로 5cm×세로 3cm, 끈 18cm
E … 둘레 7cm×높이 2cm
F … 가로 4.5cm×세로 4cm, 끈 18cm
G … 둘레 7cm×높이 2cm
H … 가로 5cm×세로 3cm (손잡이 제외)

▶ 뜨는 법
A 【베레모】
1 실 고리로 원형코를 만들어 뜨개 도안대로 뜬다.
2 구루쿠루 폼폼 메이커로 지름 3.5cm의 방울을 만든 뒤 베레모 본체에 꿰매 단다.

B 【터틀넥 스웨터】
1 사슬뜨기로 코를 만들어 뜨개 도안대로 아랫부분을 9단 뜬다. 이어서 윗부분을 뜬다. 실을 연결하고 10코를 주워 3단 뜬다. 간격을 5코 띄워서 실을 연결하고 9코를 주워 3단 뜬다. 다시 간격을 5코 띄워서 실을 연결하고 10코를 주워 3단 뜬다. 실을 연결하고 나머지 7단을 뜬다.
2 진동둘레에 실(오프화이트색)을 연결하고 뜨개 도안대로 소매를 뜬다.
3 똑딱단추를 꿰매 단다.

C 【오버올】
1 '순록 아미무스 〈바지〉(P.73)'의 뜨개 도안대로 뜬다. 이때 ⓑ를 28단까지 떠서 길이를 짧게 완성한다. ⓐ에 실(남색)을 연결하여 가슴 부분을 뜬다. 오버올 윗부분과 가슴 부분에 짧은뜨기로 1단 빙 둘러 테두리뜨기를 한다.
2 주머니, 어깨끈 2줄을 뜬 뒤 가슴 부분에 주머니를 꿰매 단다. 오버올 본체에 어깨끈 2줄을 꿰매 단다.
3 똑딱단추를 꿰매 단다.

D 【숄더백(노란색)】
1 실 고리로 원형코를 만들고 지정 위치에서 단추를 넣어 떠서 가방 본체를 뜬다. 사슬뜨기로 코를 만들어 끈을 뜬다.
2 끈을 가방 본체에 감침질로 연결한다.

E 【신발】
1 실 고리로 원형코를 만들어 뜨개 도안대로 2개 뜬다.

F 【숄더백(갈색)】
1 사슬뜨기로 코를 만들어 뜨개 도안대로 가방 본체를 뜬다. 사슬뜨기로 코를 만들어 끈을 뜬다.
2 본체를 지정 위치에서 접고 양옆을 감침질로 연결한다. 끈을 가방 본체에 감침질로 연결한다.

G 【신발】
1 실 고리로 원형코를 만들어 뜨개 도안대로 2개 뜬다.
2 매듭줄을 신발 본체에 묶는다.

H 【줄무늬 가방】
1 실 고리로 원형코를 만들어 뜨개 도안대로 배색을 바꾸면서 가방 본체를 뜬다.
2 가죽끈을 가방 본체에 꿰매 단다.

완성

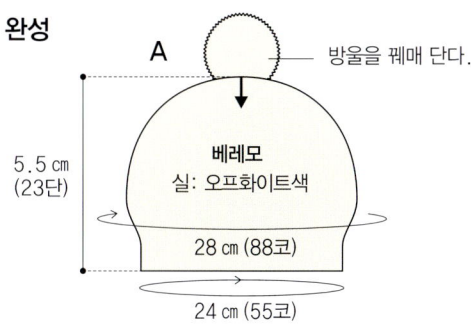

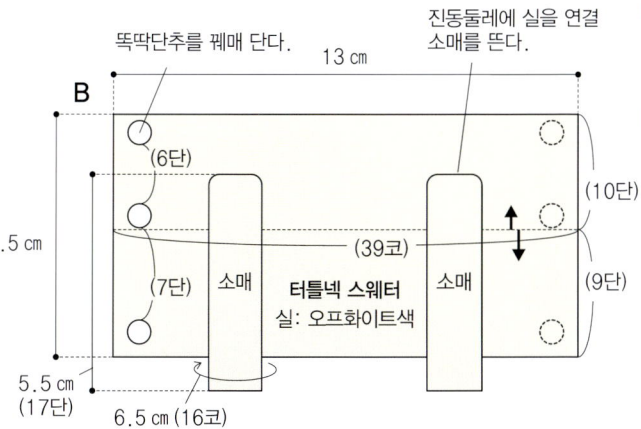

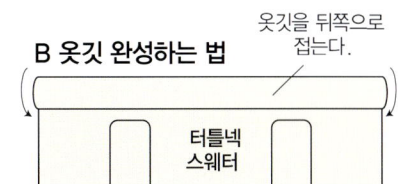

B 옷깃 완성하는 법

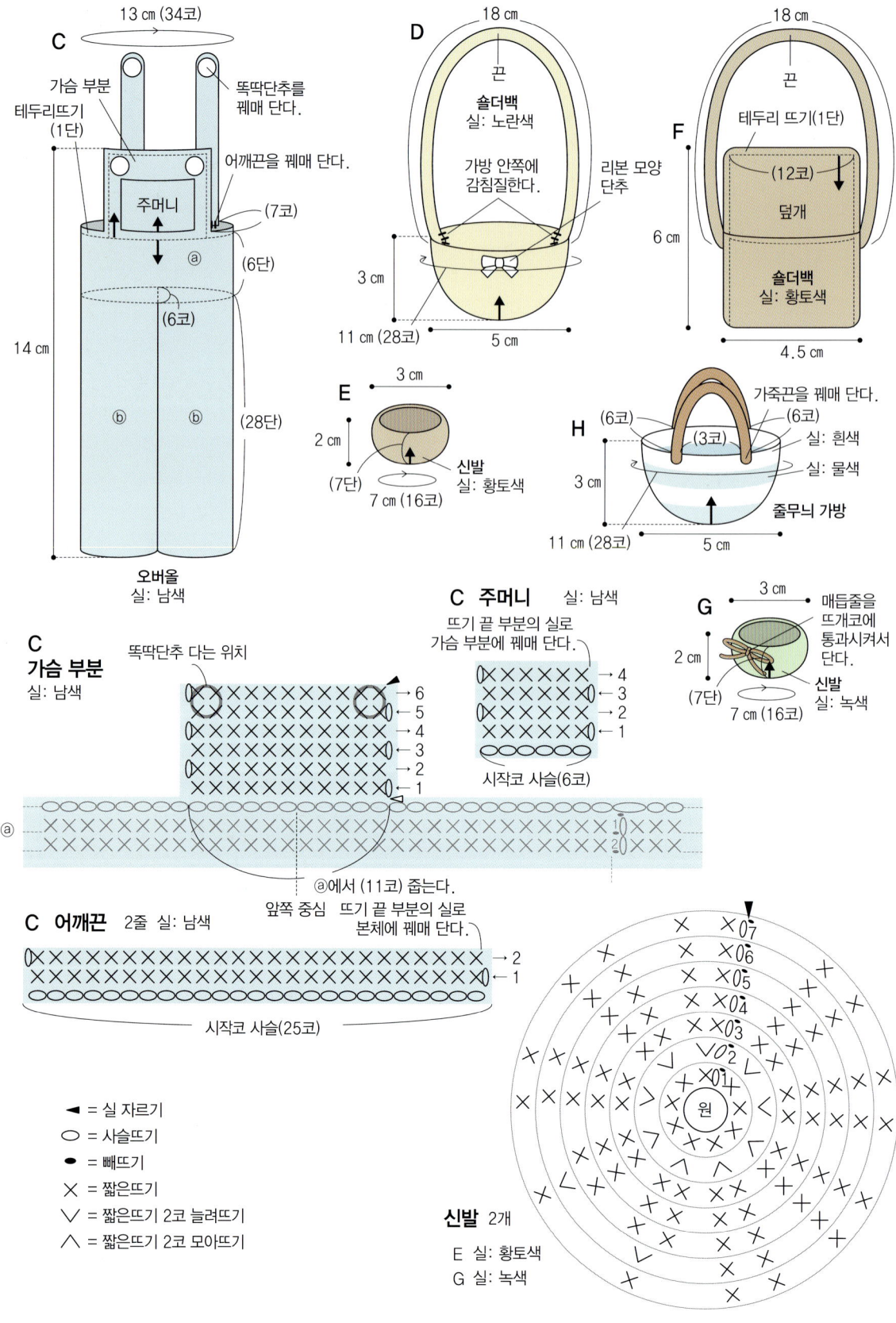

A 베레모

실: 오프화이트색

◁ =실 연결
◀ =실 자르기
⬭ =사슬뜨기
● =빼뜨기
× =짧은뜨기
∨ =짧은뜨기 2코 늘려뜨기
∧ =짧은뜨기 2코 모아뜨기

F 가방 만드는 법

D · H 가방 본체

D 실: □□ = 노란색
H 실: □ = 흰색
실: □ = 물색

D 단추 넣어 뜨는 위치

F 가방 본체

실: 황토색

D · H 끈

D 실: 노란색
F 실: 황토색

뜨기 끝 부분의 실로 본체에 감침질한다.

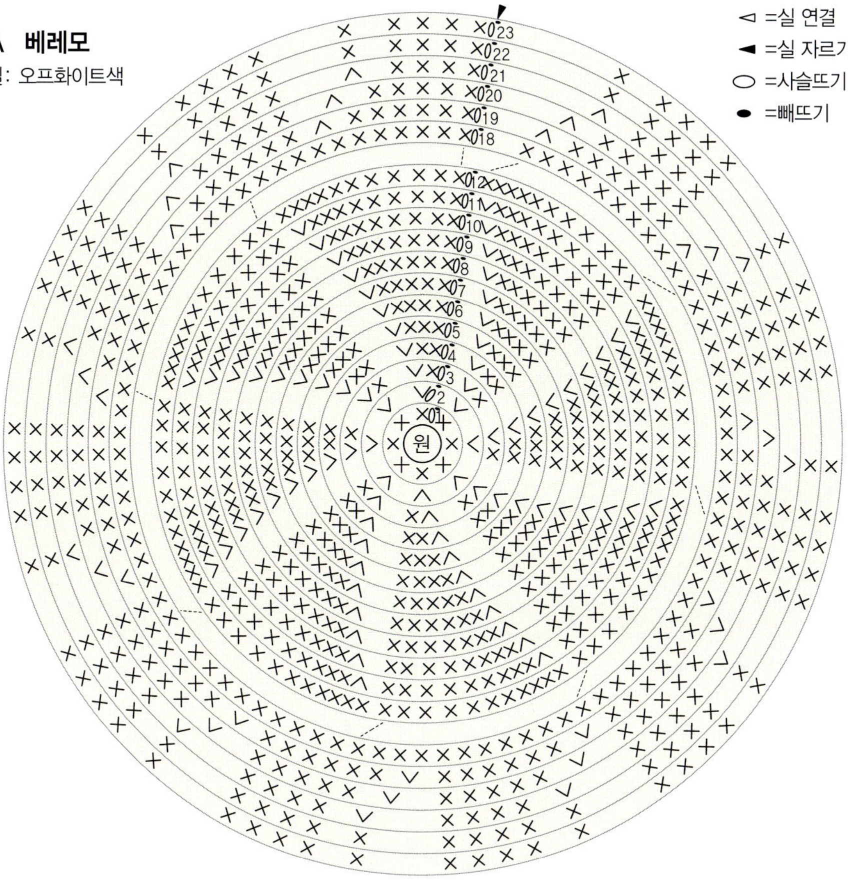

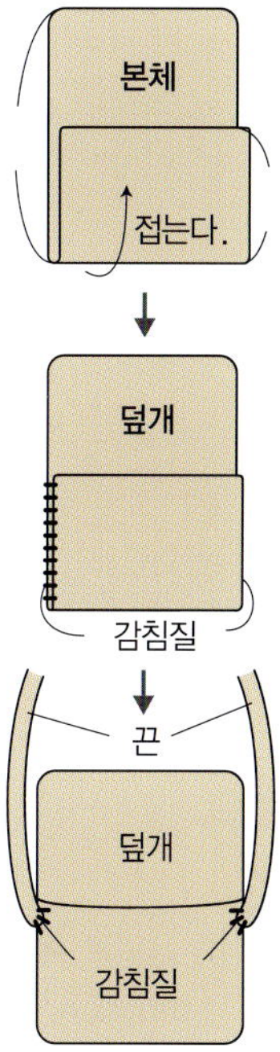

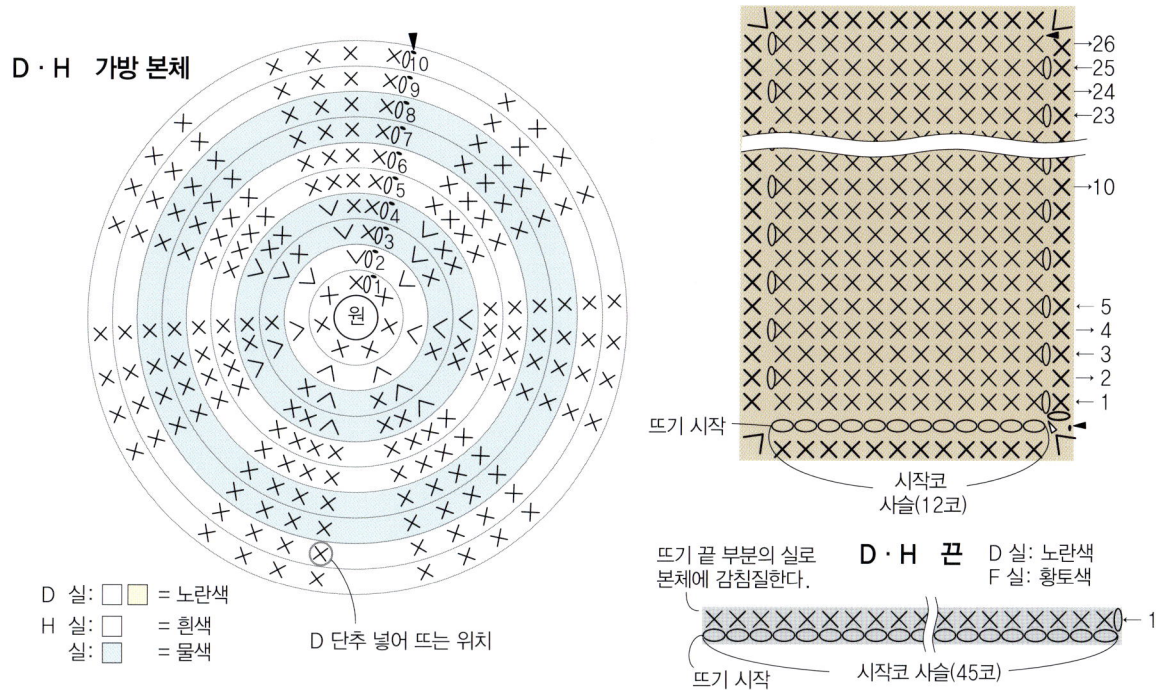

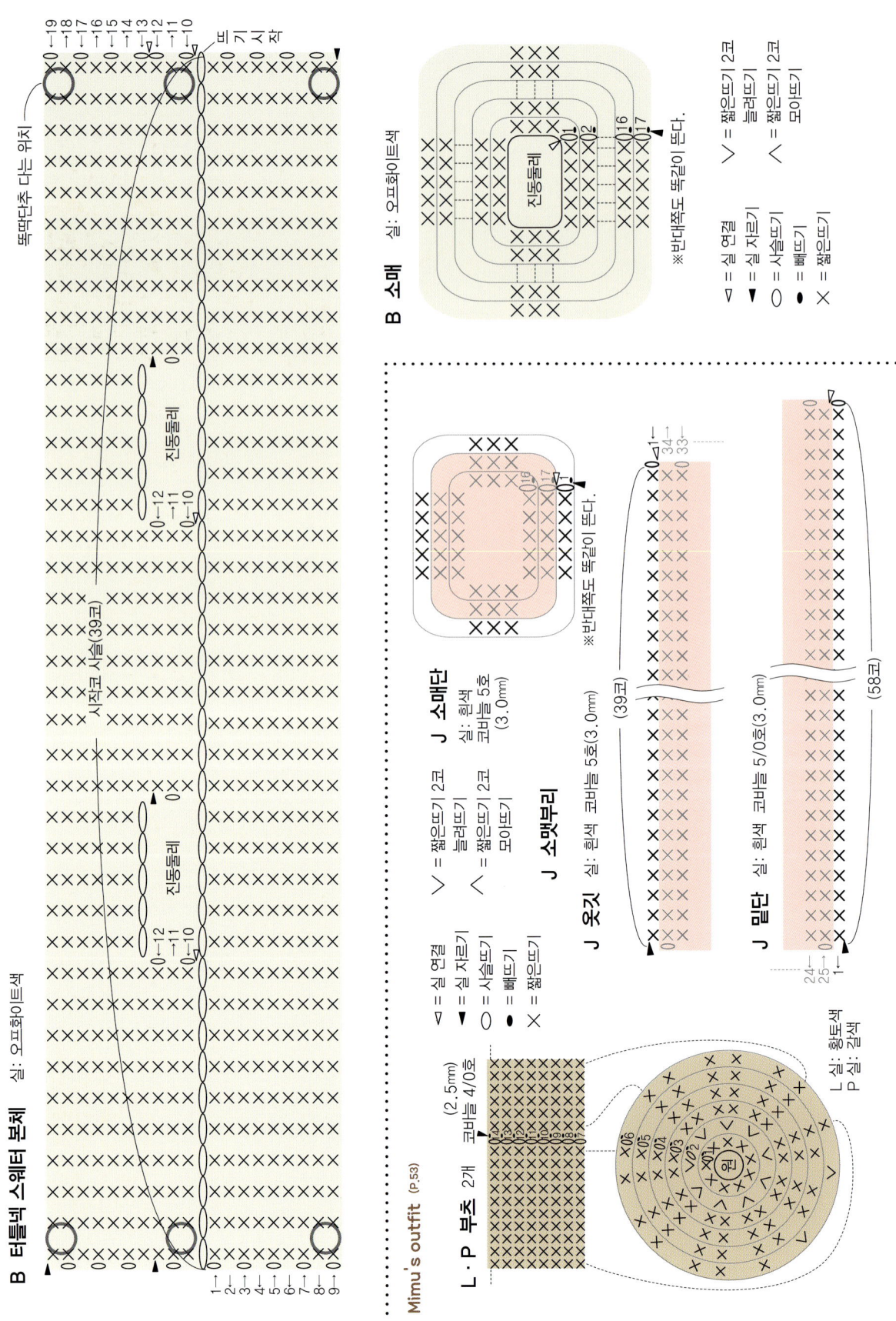

03 미무의 옷장
▶▶ Photo P.19

▶◀ 재료
- I 【실】…… 하마나카 피콜로 #2(오프화이트색) 11g
  - 【기타】… 똑딱단추[6mm] 3개, 바느질실(흰색) 적당량
- J 【실】…… 하마나카 익시드 울 FL〈합태〉#233(연보라색) 26g,
  하마나카 루포 #1(흰색) 2g
  - 【기타】… 나무 단추[1.5cm] 2개, 똑딱단추[6mm] 3개,
    바느질실(연보라색)·(흰색) 적당량
- K 【실】…… 하마나카 피콜로 #38(베이지색) 12g
  - 【기타】… 단추[6mm](갈색) 2개, 똑딱단추[6mm] 3개,
    가죽끈[5mm 폭] 30cm, 바느질실(베이지색)·(갈색)
- L 【실】…… 하마나카 피콜로 #21(황토색) 3g
- M 【실】…… 하마나카 루나 몰 #11(오프화이트색) 15g
  - 【기타】… 솜방울[10mm](핑크색) 2개, 바느질실(핑크색) 적당량
- N 【실】…… 하마나카 에코안다리아 #42(베이지색) 24g
  - 【기타】… 토션 레이스[1cm 폭] 12cm, 바느질실(흰색) 적당량
- O 【실】…… 하마나카 루나 몰 #11(오프화이트색) 5g
  - 【기타】… 솜방울[10mm](베이지색) 4개, 바느질실(베이지색) 적당량
- P 【실】…… 하마나카 익시드 울 FL〈합태〉#205(갈색) 4g
- Q 【실】…… 하마나카 피콜로 #22(핑크색) 2g
  - 【기타】… 비즈[3mm](핑크색) 4개, 바느질실(핑크색) 적당량

▶◀ 도구
코바늘 4호(2.5mm)·5호(3.0mm), 돗바늘, 손바느질용 바늘, 본드

▶◀ 완성 치수
- I …… 길이 5.5cm
- J …… 길이 12cm
- K …… 길이 8cm, 어깨끈 6.5cm
- L …… 둘레 7cm×높이 4.5cm
- M …… 가로 5.5cm×세로 6.5cm
- N …… 가로 6cm×세로 7cm
- O …… 둘레 8cm×높이 3cm
- P …… 둘레 7cm×높이 4.5cm
- Q …… 둘레 7cm×높이 2cm

▶◀ 뜨는 법
I 【스웨터】
1. '무스야의 옷장〈D 스웨터 본체·소매〉(P.69)'의 뜨개 도안대로 스웨터 본체와 소매를 뜬다.
2. 똑딱단추를 꿰매 단다.

J 【원피스】
1. 실(연보라색)을 사용해 '간호사 아미무스〈간호복〉(P.92)'의 뜨개 도안대로 뜨는데, 아랫부분은 25단까지만 뜬다. 옷깃과 밑단에 각각 실(흰색)을 연결 테두리를 1단 뜬다.
2. 진동둘레에 실(연보라색)을 달아 '아미의 옷장〈B 소매〉(P.64)'의 뜨개 도안대로 소매를 뜬다. 소매단에 실(흰색)을 연결 테두리를 1단 뜬다.
3. 나무 단추, 똑딱단추를 꿰매 단다.

K 【점퍼스커트】
1. '기본 원피스〈원피스〉(P.55)'의 뜨개 도안대로 아랫부분만 25단 뜬다.
2. 가죽 끈을 꿰매 단 뒤 단추, 똑딱단추를 꿰매 단다.

L 【부츠】
1. 뜨개 도안대로 2개 뜬다.

M 【몽글몽글 가방】
1. 실 고리로 원형코를 만들어 뜨개 도안대로 가방 본체를 뜬다.
2. 손잡이를 뜬 뒤 가방 본체에 감침질로 단다.
3. 솜방울을 꿰매 단다.

N 【바스켓 백】
1. '아미의 옷장〈D 가방 본체〉(P.63)'의 뜨개 도안대로 가방 본체를 뜬다.
2. 토션 레이스를 본드로 붙인다.
3. 손잡이를 뜨개 도안대로 뜬 뒤 감침질로 단다.

O 【몽글몽글 신발】
1. 뜨개 도안대로 본체를 2개 뜬다.
2. 솜방울을 꿰매 단다.

P 【부츠】
1. 뜨개 도안대로 2개 뜬다.

Q 【신발】
1. '아미의 옷장〈신발〉(P.62)'의 뜨개 도안대로 본체를 2개 뜬다.
2. 비즈를 꿰매 단다.

완성

똑딱단추를 꿰매 단다. 13 cm
진동둘레에 실을 달아 소매를 뜬다.
I
5.5 cm
(4단)
(6단)
(5단)
(39코)
소매
스웨터
실: 오프화이트색
코바늘 4호(2.5mm)
소매
(9단)
5.5 cm (17단)
6.5 cm (16코)

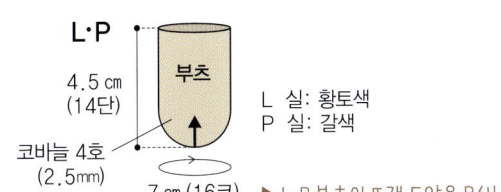

L·P
4.5 cm (14단)
부츠
코바늘 4호 (2.5mm)
7 cm (16코)
L 실: 황토색
P 실: 갈색
▶ L·P 부츠의 뜨개 도안은 P.64

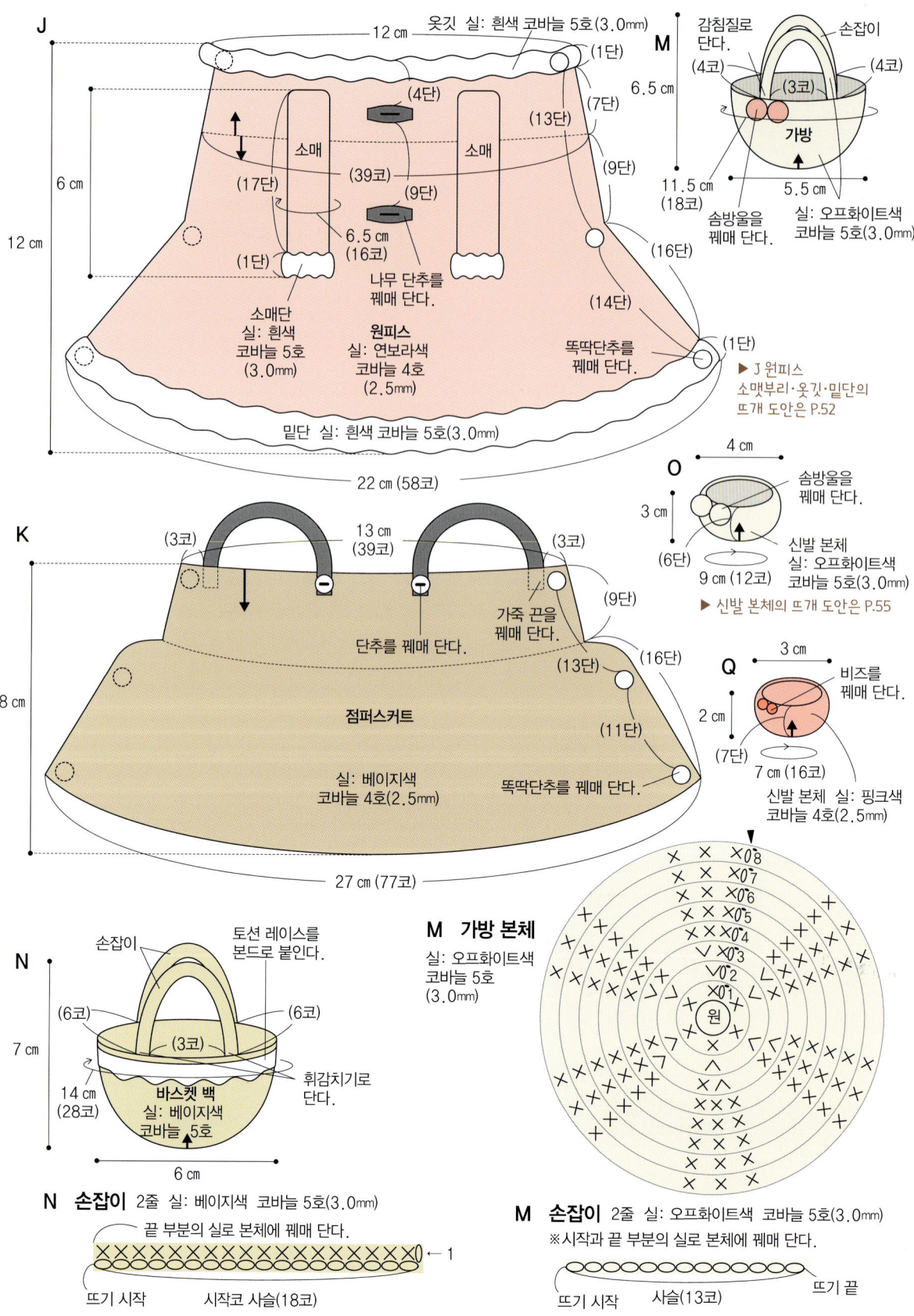

04/05 무스야의 옷장
▶▶ Photo P.20, 21

▶ 재료

- A 【실】…… 하마나카 익시드 울 FL 〈합태〉 #226(남색) 29g,
  하마나카 루포 #1(흰색) 2g
  【기타】… 나무 단추(1.5cm) 2개, 똑딱단추[6mm] 2개,
  바느질실(남색)・(흰색) 적당량
- B 【실】…… 하마나카 피콜로 #37(라벤더색) 12g
- C 【실】…… 하마나카 익시드 울 FL 〈합태〉 #205(갈색) 16g
- D 【실】…… 하마나카 푸가 #12(녹색 그러데이션) 13g
  【기타】… 단추[6mm](갈색) 2개, 똑딱단추[6mm] 3개,
  바느질실(녹색)・(갈색) 적당량
- E 【실】…… 하마나카 피콜로 #21(황토색) 2g
- F 【실】…… 하마나카 피콜로 #27(겨자색) 2g
- G 【실】…… 하마나카 피콜로 #30(적자색) 9g, #36(남색) 3g
  【기타】… 똑딱단추[6mm] 3개, 펠트(적자색)・(남색) 각 1장,
  바느질실(적자색)・(남색) 적당량
- H 【실】…… 하마나카 피콜로 #33(회색) 5g, #1(흰색) 5g
  【기타】… 똑딱단추[6mm] 3개, 바느질실(흰색) 적당량
- I 【실】…… 하마나카 피콜로 #36(남색) 12g
  【기타】… 가죽 끈[5mm 폭] 32cm, 바느질실(갈색) 적당량
- J 【실】…… 하마나카 피콜로 #20(검은색) 12g
- K 【실】…… 하마나카 피콜로 #17(암갈색) 2g

▶ 도구

코바늘 4호(2.5mm)・5호(3.0mm), 돗바늘, 손바느질용 바늘, 본드

▶ 완성 치수

- A … 길이 8cm,
  머리둘레 24cm×높이 4.5cm
- B … 길이 12cm
- C … 길이 12cm
- D … 길이 5.5cm
- E … 둘레 7cm×높이 2cm
- F … 둘레 7cm×높이 2cm
- G … 길이 7cm
- H … 길이 5.5cm
- I … 길이 12cm, 어깨끈 15cm
- J … 길이 12cm
- K … 둘레 7cm×높이 2cm

▶ 뜨는 법

A 【후드 달린 파카】
1 실(남색)을 사용해 '무스야의 옷장 〈D 스웨터 본체・소매〉(P.69)'의 뜨개 도안대로 파카 본체와 소매를 뜬다. 파카 본체는 아랫부분을 18단까지 뜬다.
2 실(남색)을 사용해 '산타 아미무스 〈후드〉(P.71)'의 뜨개 도안대로 후드를 뜬다.
3 후드를 파카 본체에 감침질로 단다.
4 실(흰색)을 연결 옷깃과 후드에 테두리를 1단 뜬다.
5 단추, 똑딱단추를 꿰매 단다.

B 【바지】
1 '순록 아미무스 〈바지〉(P.73)'의 뜨개 도안대로 뜬다.

C 【바지】
1 '순록 아미무스 〈바지〉(P.73)'의 뜨개 도안대로 뜬다.

D 【스웨터】
1 사슬뜨기로 코를 만들어 뜨개 도안대로 아랫부분을 10단 뜬다. 이어서 윗부분을 뜬다. 실을 연결하고 10코를 주워 3단 뜬다. 간격을 5코 띄워서 실을 연결하고 9코를 주워 3단 뜬다. 다시 간격을 5코 띄워서 실을 연결하고 10코를 주워 3단 뜬다. 실을 연결 나머지 4단을 뜬다.
2 단추, 똑딱단추를 꿰매 단다.

E F 【신발】
1 '아미의 옷장 〈신발〉(P.62)'의 뜨개 도안대로 2개 뜬다.

G 【스웨터】
1 '무스야의 옷장 〈D 스웨터 본체〉(P.69)'의 뜨개 도안대로 배색표의 배색에 따라 스웨터 본체를 뜨는데, 아랫부분은 18단까지 뜬다.
2 진동둘레에 실(적자색)을 연결 '무스야의 옷장 〈D 소매〉(P.69)'의 뜨개 도안대로 배색표의 배색에 따라 소매를 뜬다.
3 적자색과 남색 펠트를 아플리케 패턴대로 자른 뒤 본체에 본드로 붙인다.
4 똑딱단추를 꿰매 단다.

H 【스웨터】
1 '무스야의 옷장 〈D 스웨터 본체・소매〉(P.69)'의 뜨개 도안대로 배색표의 배색에 따라 스웨터 본체와 소매를 뜬다.
2 똑딱단추를 꿰매 단다.

I 【어깨끈 달린 바지】
1 '순록 아미무스 〈바지〉(P.73)'의 뜨개 도안대로 뜬다.
2 가죽 끈을 16cm×2줄로 자른 뒤 꿰매 단다.

J 【바지】
1 '순록 아미무스 〈바지〉(P.73)'의 뜨개 도안대로 뜬다.

K 【신발】
1 '아미의 옷장 〈신발〉(P.62)'의 뜨개 도안대로 2개 뜬다.

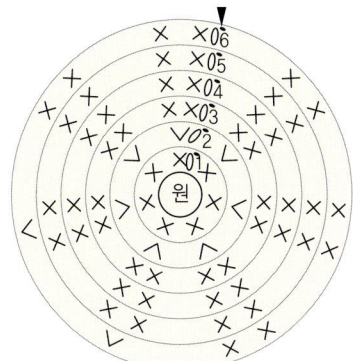

Mimu's outfit (P.53)

O 몽글몽글 신발 본체 2개
실: 오프화이트색　코바늘 5호(3.0mm)

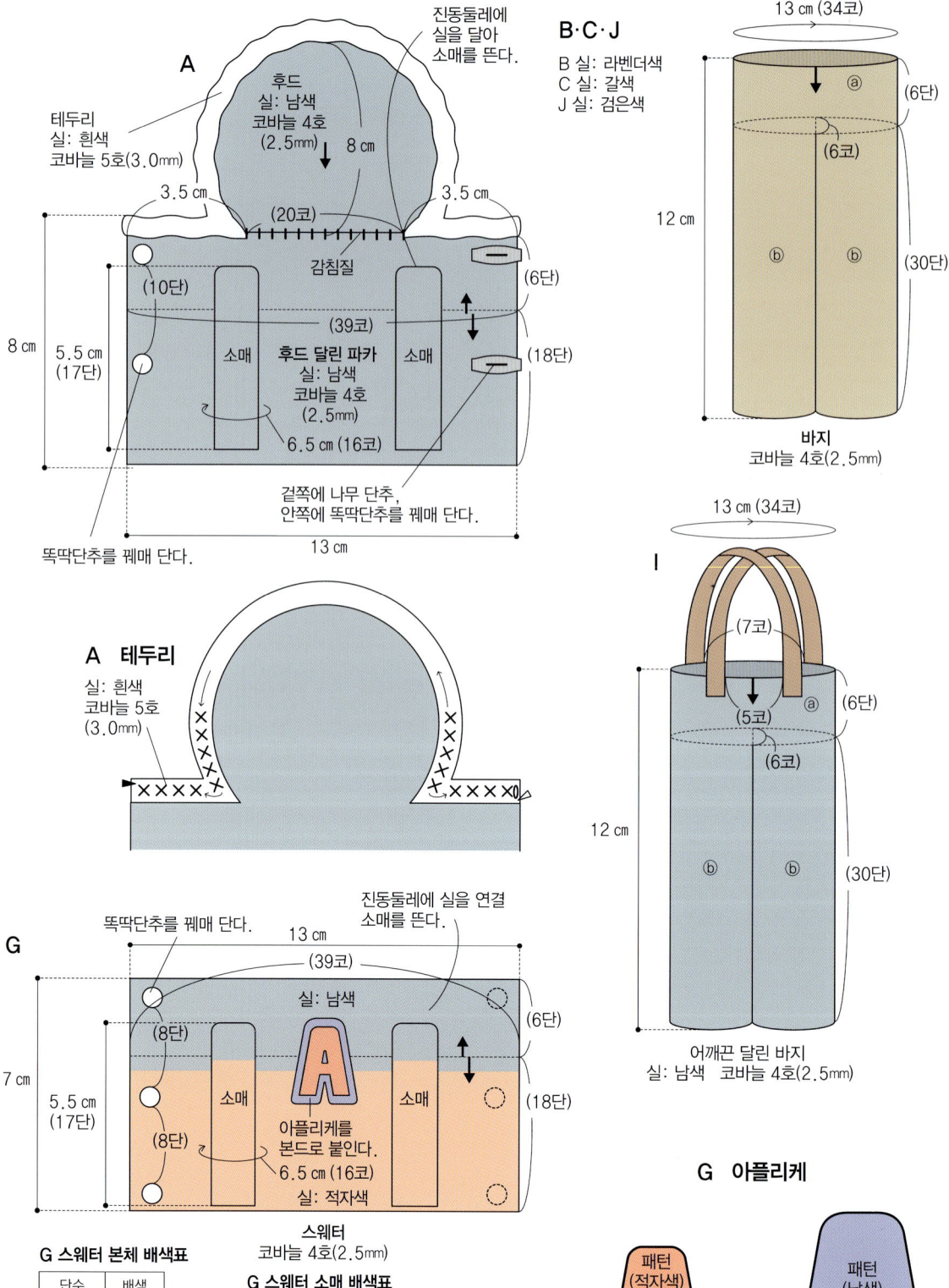

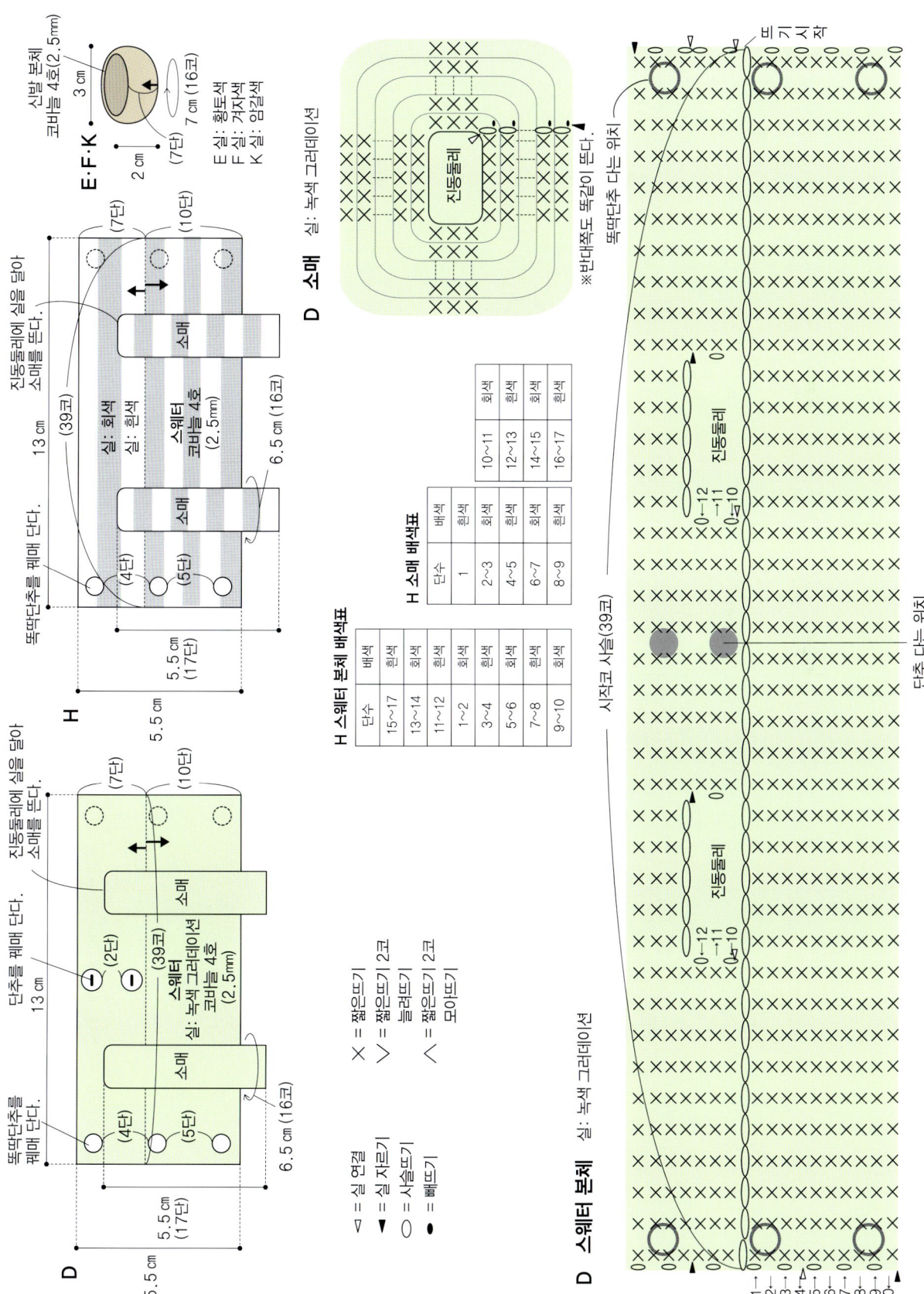

06 산타 아미무스

▶▶ Photo P.22

재료

【실】····· 하마나카 루나 몰 #5(빨간색) 41g · #11(오프화이트색) 1g,
하마나카 피콜로 #17(암갈색) 4g

【기타】·· 똑딱단추[6㎜] 5개, 바느질실(빨간색) 적당량

도구

코바늘 4(2.5㎜)호 · 5호(3.0㎜), 돗바늘, 손바느질용 바늘

완성 치수

【원피스】··············· 길이 10.5㎝

【후드 달린 케이프】··· 길이 5㎝, 머리둘레 29㎝×높이 6㎝

【부츠】·················· 둘레 7㎝×높이 5㎝

뜨는 법

【원피스】

1 실(빨간색)을 사용해 '기본 원피스 〈원피스〉(P.55)'의 뜨개 도안대로 원피스 본체를 뜬다.

2 진동둘레에 실(빨간색)을 연결 짧은뜨기를 1단 뜬다.

3 밑단에 실(오프화이트색)을 연결 테두리를 1단 뜬다.

4 똑딱단추를 꿰매 단다.

【후드 달린 케이프】

1 실(빨간색)을 사용해 사슬뜨기로 32코를 만들어 뜨개 도안대로 케이프를 뜬다. 후드는 실 고리로 원형코를 만들어 뜨개 도안대로 뜬다.

2 후드를 케이프에 감침질로 단다.

3 실(오프화이트색)을 연결 테두리를 1단 뜬다.

【부츠】

1 실(갈색)을 사용해 '미무의 옷장 〈부츠〉(P.64)'의 뜨개 도안대로 뜬다. 실(오프화이트색)을 달아 테두리를 1단 뜬다.

완성

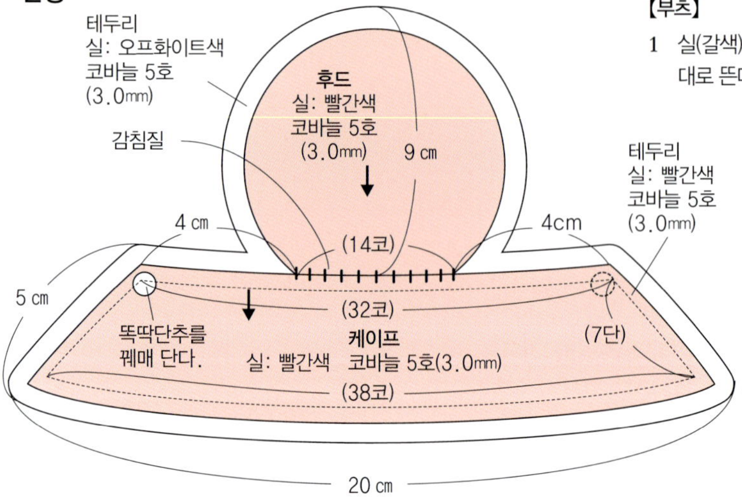

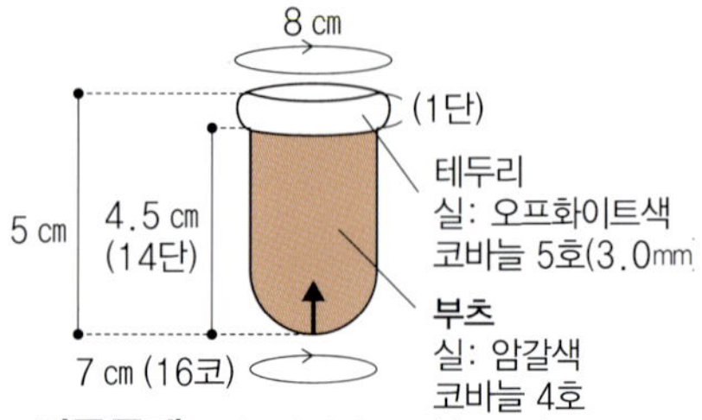

진동둘레 실: 빨간색

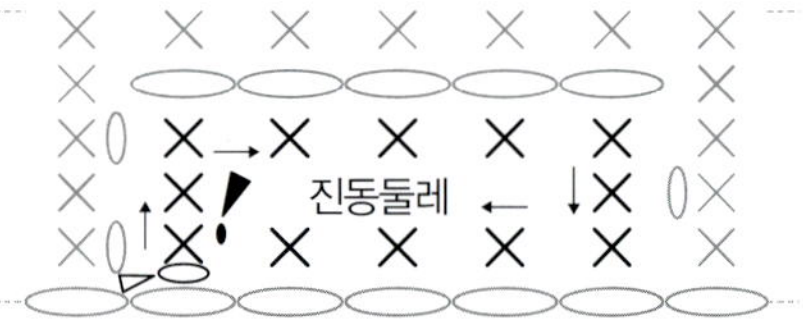

진동둘레를 짧은뜨기로 한 바퀴 뜬다.
반대쪽도 똑같이 뜬다.

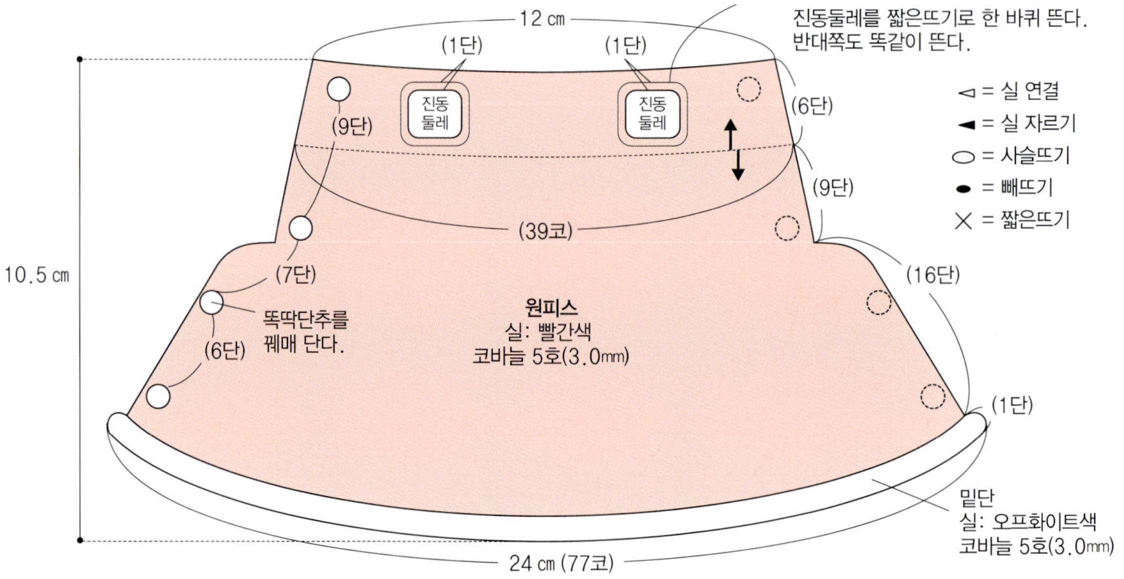

◁ = 실 연결
◀ = 실 자르기
⬭ = 사슬뜨기
● = 빼뜨기
× = 짧은뜨기

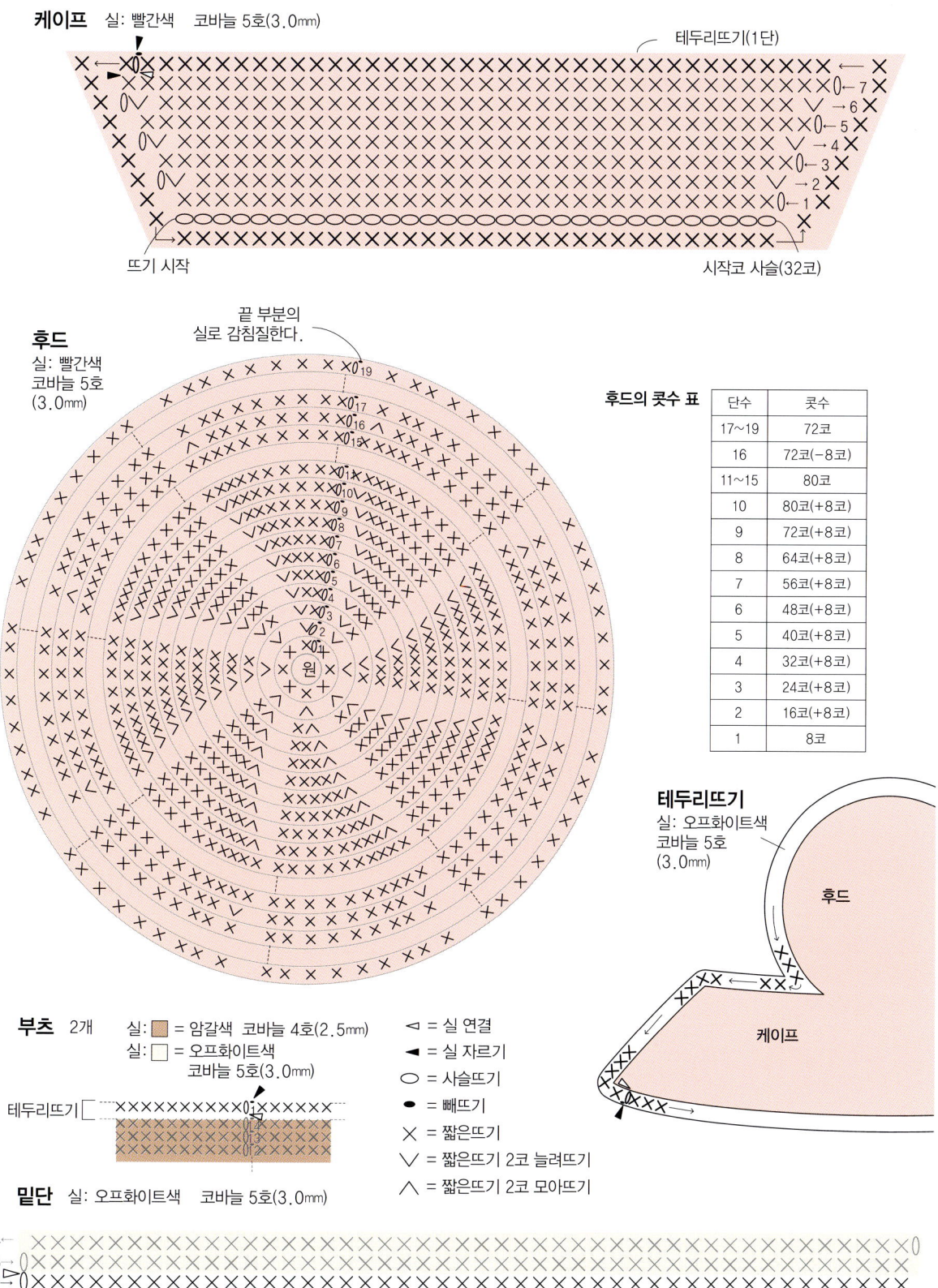

07 순록 아미무스
▶▶ Photo P.23

▶◀ 재료
【실】…… 하마나카 피콜로 #21(황토색) 35g, #38(베이지색) 1g,
 #26(주홍색) 1g, #17(암갈색) 2g
【기타】‥ 똑딱단추[6mm] 3개, 단추눈[10mm] 2개,
 바느질실(황토색)·(검은색) 적당량

▶◀ 도구
코바늘 4호(2.5mm), 돗바늘, 손바느질용 바늘

▶◀ 완성 치수
【스웨터】…… 길이 5.5cm
【바지】……… 길이 12cm
【모자】……… 머리둘레 26cm×높이 7cm
【신발】……… 둘레 7cm×높이 2cm

▶◀ 뜨는 법
【스웨터】
1 실(황토색)을 사용해 '무스야의 옷장 〈D 스웨터 본체·소매〉(P.73)'의 뜨개 도안대로 스웨터 본체와 소매를 뜬다.
2 똑딱단추를 꿰매 단다.

【바지】
1 실(황토색)을 사용해 사슬뜨기로 34코를 만들어 원형으로 ⓐ를 뜬다. ⓐ에 사슬뜨기 6코를 뜬 후, 도안대로 ⓑ를 뜬다.

【모자】
1 실(황토색)을 사용해 '산타 아미무스 〈후드〉(P.71)'의 뜨개 도안대로 후드를 뜬다.
2 실(베이지색)을 사용해 실 고리로 원형코를 만들어 뜨개 도안대로 뿔 ⓐ, ⓑ를 뜬다. ⓐ와 ⓑ를 감침질한 뒤 본체에 꿰매 단다. 귀와 코도 실 고리로 원형코를 만들어 뜨개 도안대로 뜬 뒤 꿰매 단다.

【신발】
1 실(암갈색)을 사용해 '아미의 옷장 〈신발〉(P.62)'의 뜨개 도안대로 2개 뜬다.

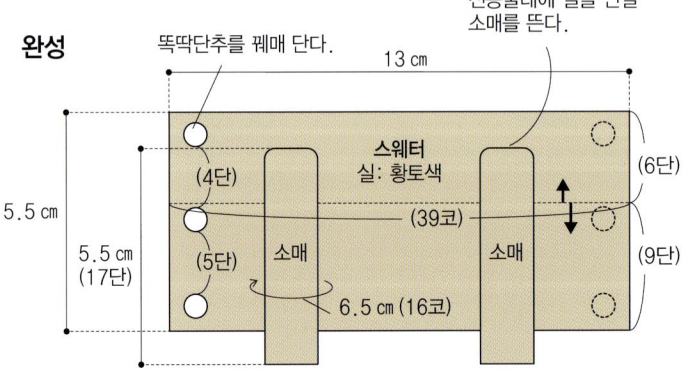

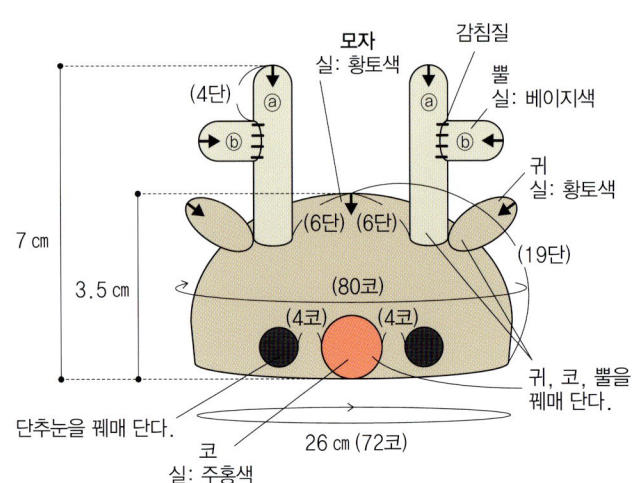

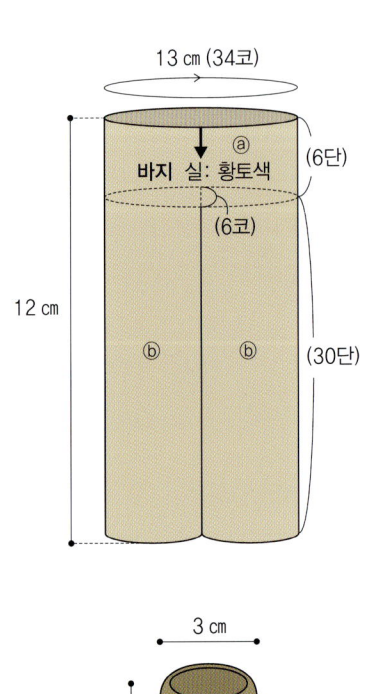

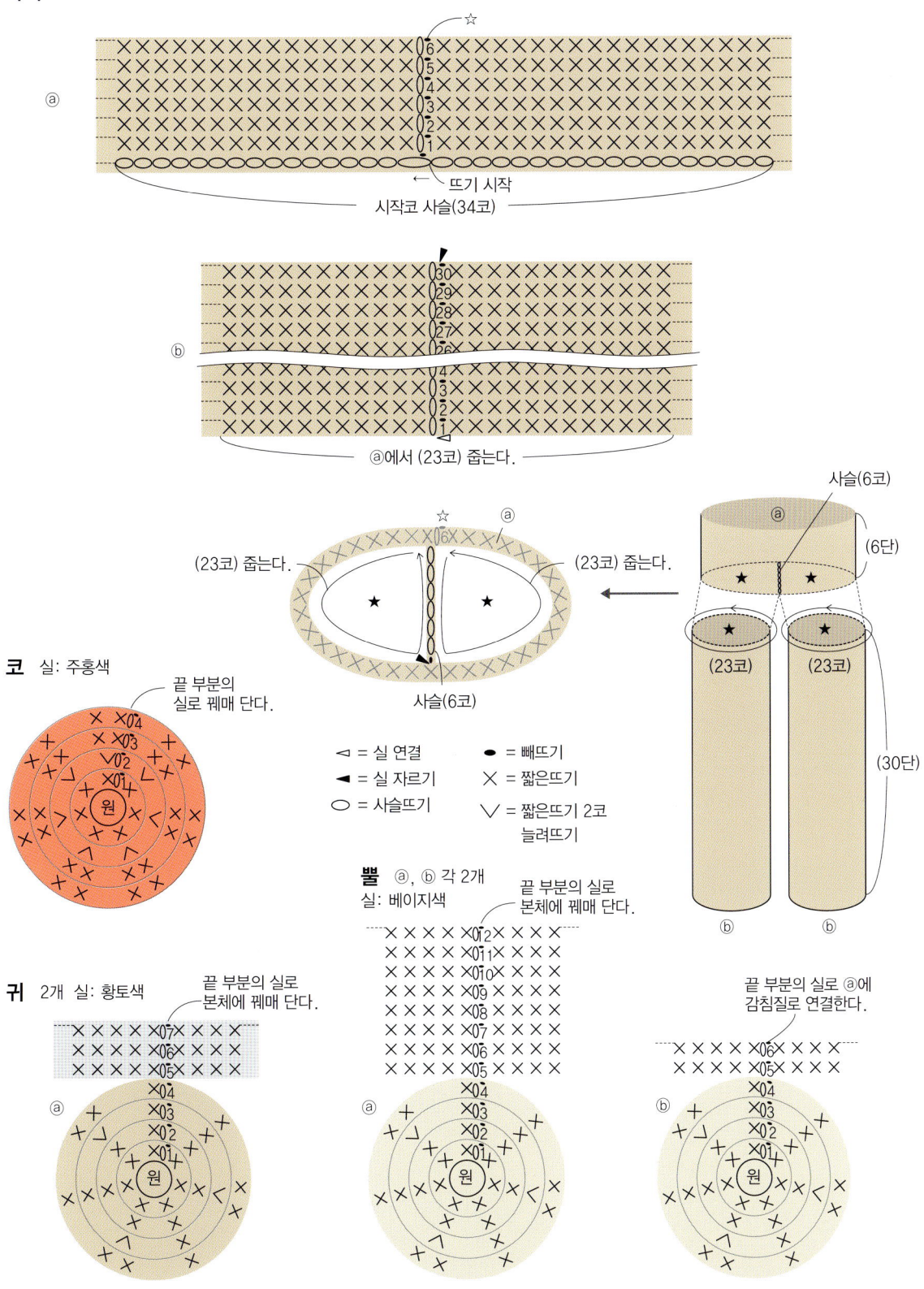

앨리스풍 아미무스
▶▶ Photo P.24

▶◀ 재료
【실】····· 하마나카 피콜로 #23(파란색) 17g, #1(흰색) 5g,
　　　　#20(검은색) 2g
【기타】·· 똑딱단추[6mm] 7개, 새틴 리본(검은색) 30cm,
　　　　바느질실(물색)·(흰색)·(검은색) 적당량

▶◀ 도구
코바늘 4호(2.5mm), 돗바늘, 손바느질용 바늘

▶◀ 완성 치수
【원피스】····· 길이 10cm
【앞치마】····· 길이 6.5cm
【신발】······· 둘레 7cm×높이 2cm

▶◀ 뜨는 법
【원피스】
1　실(파란색)을 사용해 '기본 원피스〈원피스·소매〉(P.54, 55)'의 뜨개 도안대로 원피스 본체와 소매를 뜬다.
2　실(흰색)을 사용해 옷깃을 뜬 뒤 원피스 본체에 꿰매 단다.
3　똑딱단추를 꿰매 단다.

【앞치마】
1　실(흰색)을 사용해 사슬뜨기로 39코를 만들어 뜨개 도안대로 뜬다.
2　어깨끈을 뜬 뒤 각각 ⓐ~ⓓ의 위치에서 앞치마 본체에 꿰매 단다.
3　똑딱단추를 꿰매 단다.

【신발】
1　실(검은색)을 사용해 '아미의 옷장〈신발〉(P.62)'의 뜨개 도안대로 2개 뜬다.
2　끈을 뜬다. 신발 본체에 끈을 꿰매 단 뒤 똑딱단추를 꿰매 단다.

【머리 장식】
1　아미무스 머리 위에서 나비매듭을 짓는다.

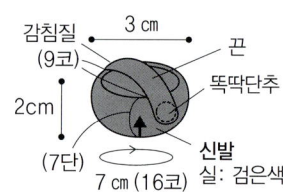

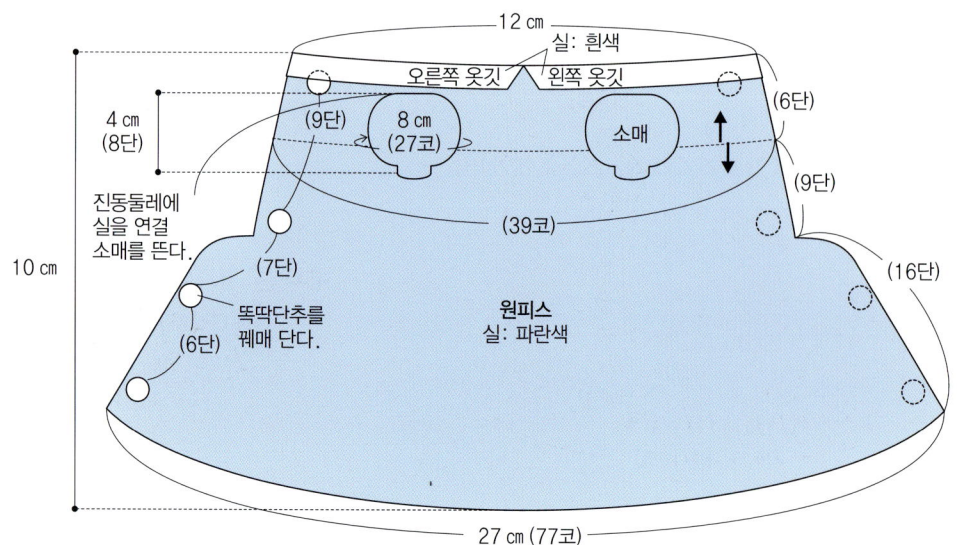

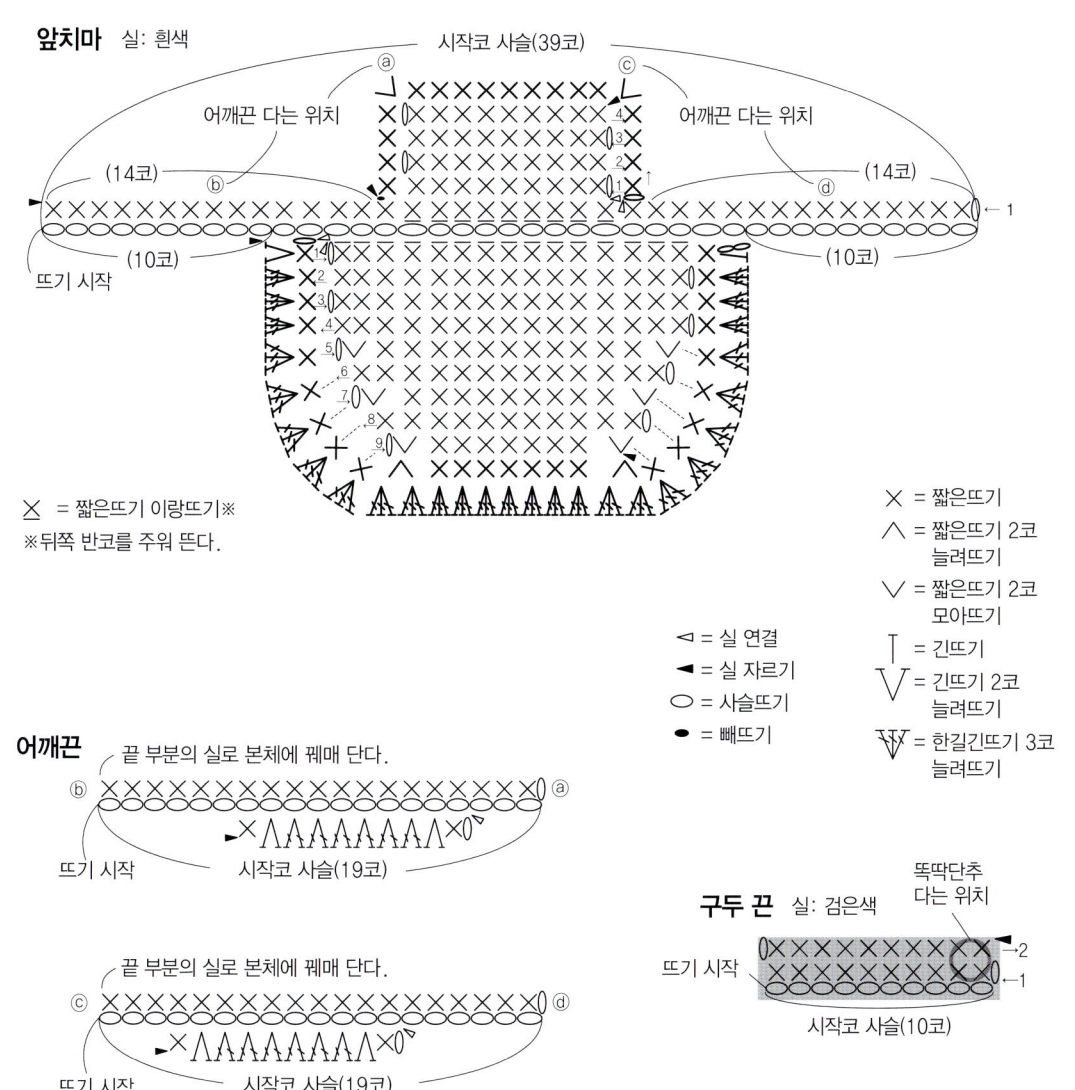

빨간 두건풍 아미무스

▶▶ Photo P.25

▶◀ 재료
【실】····· 하마나카 피콜로 #6(빨간색) 25g, #32(황록색) 2g,
#1(흰색) 1g
【기타】·· 단추[7mm](빨간색) 1개, 똑딱단추[6mm] 7개,
바느질실(빨간색)·(녹색)·(흰색) 적당량

▶◀ 도구
코바늘 4호(2.5mm), 돗바늘, 손바느질용 바늘

▶◀ 완성 치수
【원피스】····· 길이 9cm
【두건】······· 길이 3cm, 머리둘레 27cm×높이 4cm
【앞치마】····· 길이 5cm
【신발】······· 둘레 7cm×높이 2cm

▶◀ 뜨는 법
【원피스】
1 사슬뜨기로 코를 만들어 뜨개 도안대로 아랫부분을 21단 뜬다. 이어서 윗부분을 뜬다. 실을 연결하고 10코를 주워 3단 뜬다. 간격을 5코 띄워서 실을 연결하고 9코를 주워 3단 뜬다. 다시 간격을 5코 띄워서 실을 연결하고 10코를 주워 3단 뜬다. 실을 연결 나머지 3단을 뜬다.
2 진동둘레에 실(흰색)을 연결 '기본 원피스〈소매〉(P.54)'의 뜨개 도안대로 소매를 뜬다.
3 똑딱단추를 꿰매 단다.

【두건】
1 '산타 아미무스〈케이프·후드〉(P.71)'의 뜨개 도안대로 케이프와 후드를 뜬다.
2 후드를 케이프에 감침질로 단다.
3 단추, 똑딱단추를 꿰매 단다.

【앞치마】
1 사슬뜨기로 39코를 만들어 뜨개 도안대로 뜬다.
2 똑딱단추를 꿰매 단다.

【신발】
1 '아미의 옷장〈신발〉(P.62)'의 뜨개 도안대로 2개 뜬다.
2 끈을 뜬다. 신발 본체에 끈을 꿰매 단 뒤 똑딱단추를 꿰매 단다.

완성

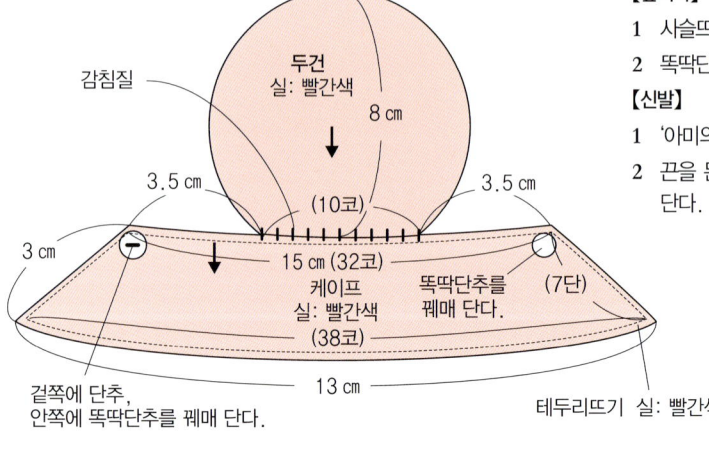

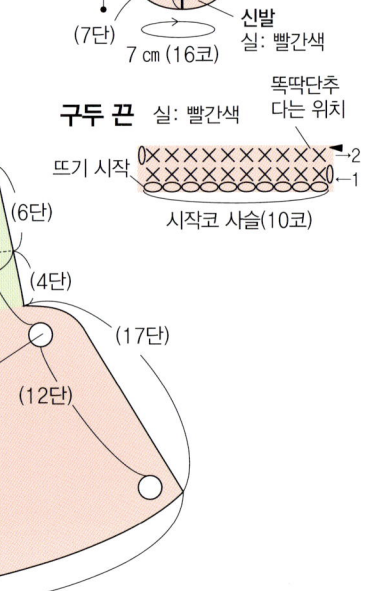

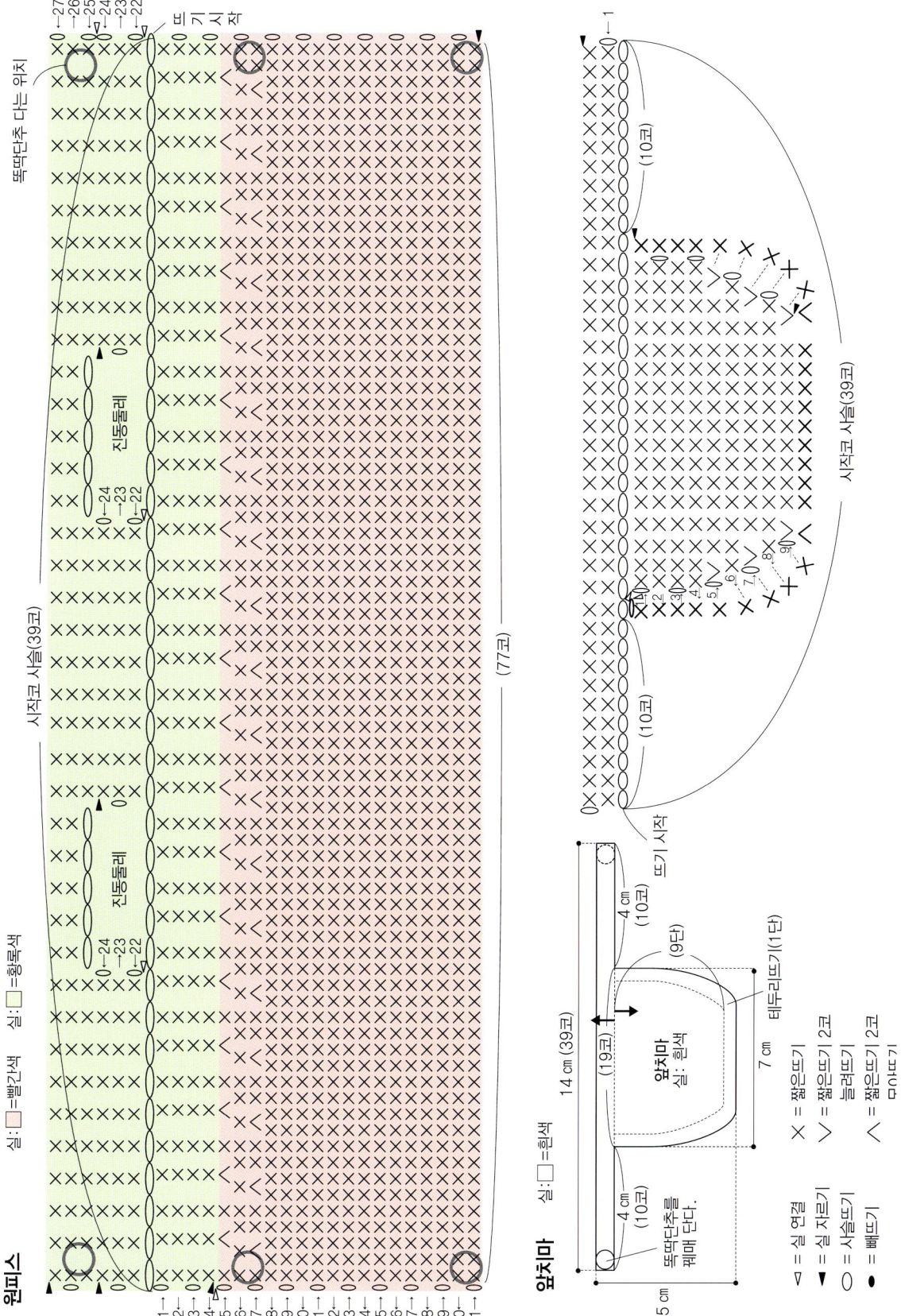

천사 아미무스
▶▶ Photo P.26

▶ 재료
【실】····· 하마나카 피콜로 #2(오프화이트색) 19g · #8(노란색) 4g,
　　　　하마나카 루포 #1(흰색) 2g
【기타】·· 똑딱단추[6mm] 4개, 리본[1cm 폭](물색) 30cm, 펠트(흰색) 1장,
　　　　솜 적당량, 바느질실(흰색) 적당량

▶ 도구
코바늘 4호(2.5mm) · 5호(3.0mm), 돗바늘, 손바느질용 바늘

▶ 완성 치수
【원피스】····· 길이 11cm
【고리】······· 지름 7.5cm×굵기 4cm

▶ 뜨는 법
【원피스】
1　'기본 원피스〈원피스〉(P.55)'의 뜨개 도안대로 아랫부분은 24단, 윗부분은 5단 뜬다. 밑단에 실(흰색)을 연결 테두리를 1단 뜬다. 네크라인도 똑같이 1단 뜬다.
2　진동둘레에 실을 연결 '기본 원피스〈소매〉(P.54)'의 뜨개 도안대로 뜬다.
3　똑딱단추를 꿰매 단다.
4　리본을 묶은 뒤 본체에 꿰매 단다.
5　펠트를 날개 패턴대로 자른 뒤 본체에 꿰매 단다.
【고리】
1　실 고리로 원형코를 만들어 뜨개 도안대로 뜬다. 솜을 넣은 뒤 뜨기 끝 부분의 실로 감침질하여 고리 모양으로 만든다.

완성

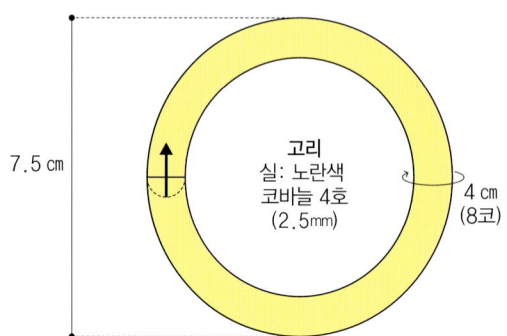

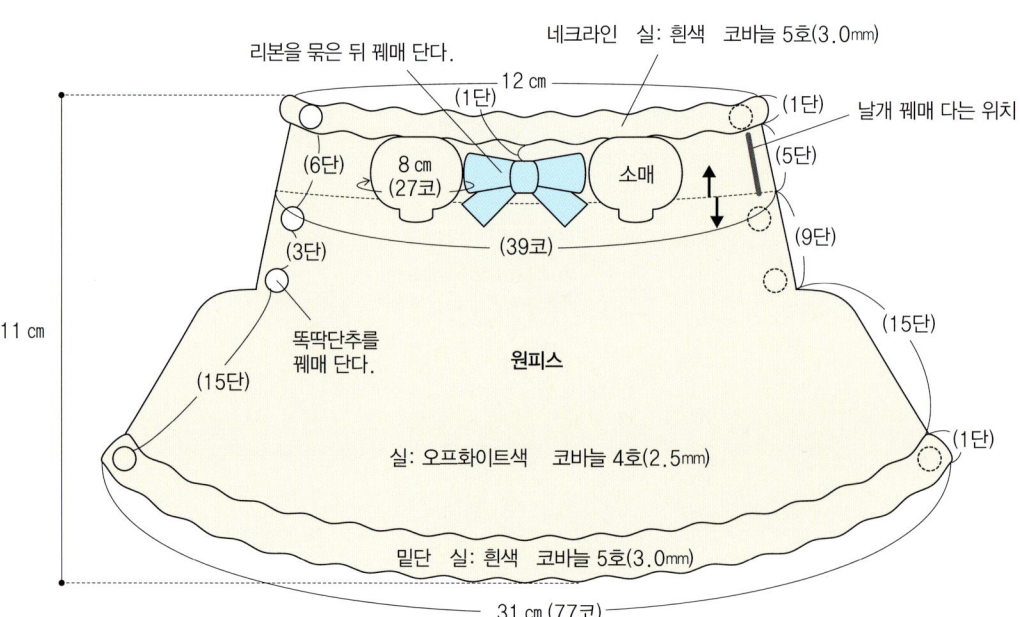

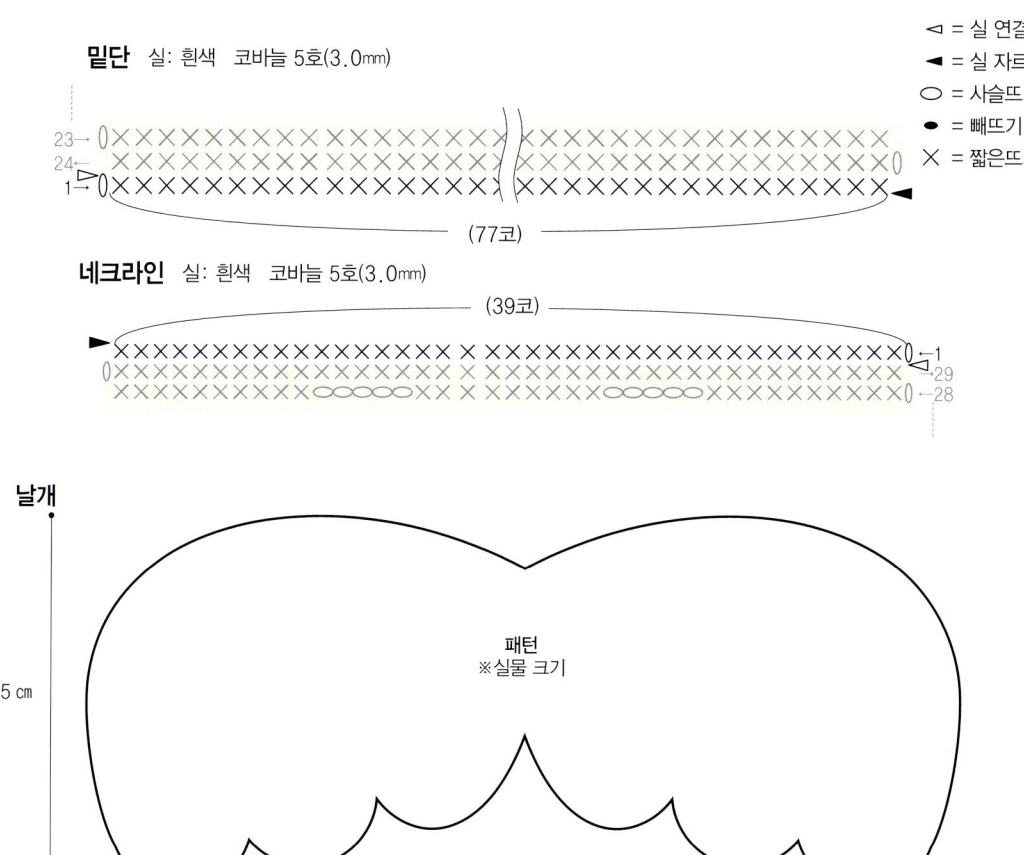
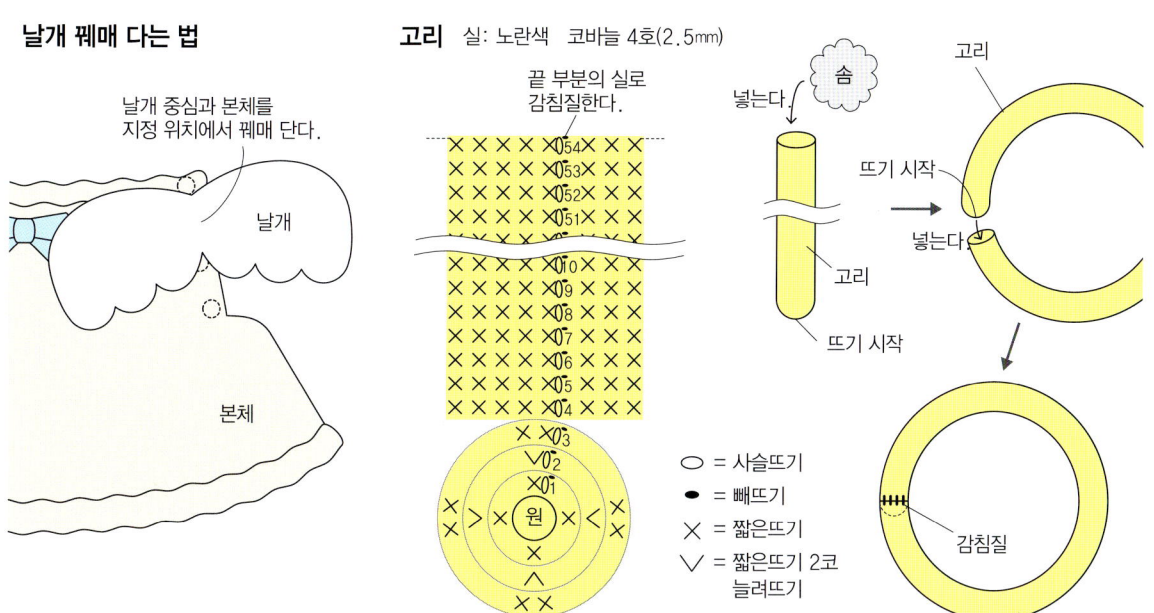

악마 아미무스
▶▶ Photo P.27

▶ 재료
【실】····· 하마나카 피콜로 #20(검은색) 15g, #6(빨간색) 1g
【기타】·· 똑딱단추[6mm] 4개, 새틴 리본[3mm 폭](빨간색) 30cm, 펠트(검은색) 1장, 고무줄[3.5mm 폭] 10cm, 솜 적당량, 바느질실(검은색)·(빨간색) 적당량

▶ 도구
코바늘 4호(2.5mm), 돗바늘, 손바느질용 바늘

▶ 완성 치수
【원피스】············ 길이 10.5cm
【카추샤(머리띠)】··· 가로 12cm×세로 2.5cm
【부츠】············ 둘레 7cm×높이 4.5cm

▶ 뜨는 법
【원피스】
1 실(검은색)을 사용해 '기본 원피스〈원피스〉(P.55)'의 뜨개 도안대로 아랫부분은 23단, 윗부분은 6단 뜬다. 밑단에 실(빨간색)을 연결 2단 뜬다.
2 진동둘레에 실을 연결 짧은뜨기를 1단 뜬다.
3 똑딱단추를 꿰매 단다.
4 새틴 리본을 묶은 뒤 꿰매 단다.
5 펠트를 날개와 꼬리 패턴대로 자른 뒤 본체에 꿰매 단다.

【카추샤(머리띠)】
1 카추샤 본체는 실(검은색)을 사용해 사슬뜨기로 5코를 만들어 뜨개 도안대로 뜬다. 뿔은 실 고리로 코를 만들어 뜨개 도안대로 뜬다.
2 뿔에 솜을 넣은 뒤 본체에 감침질로 단다.
3 고무줄을 꿰매 단다.

【부츠】
1 실(검은색)을 사용해 '고딕풍 아미무스〈부츠〉(P.85)'의 뜨개 도안대로 2개 뜬다.

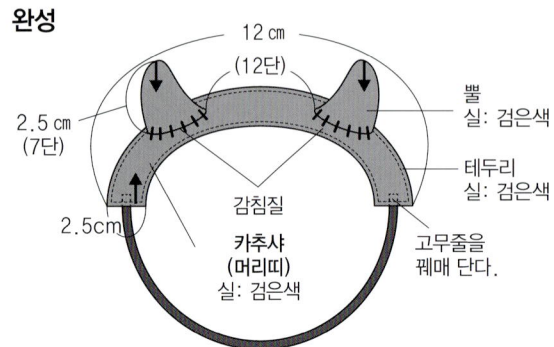

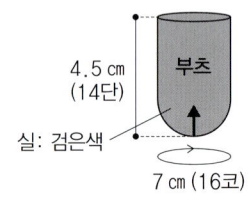

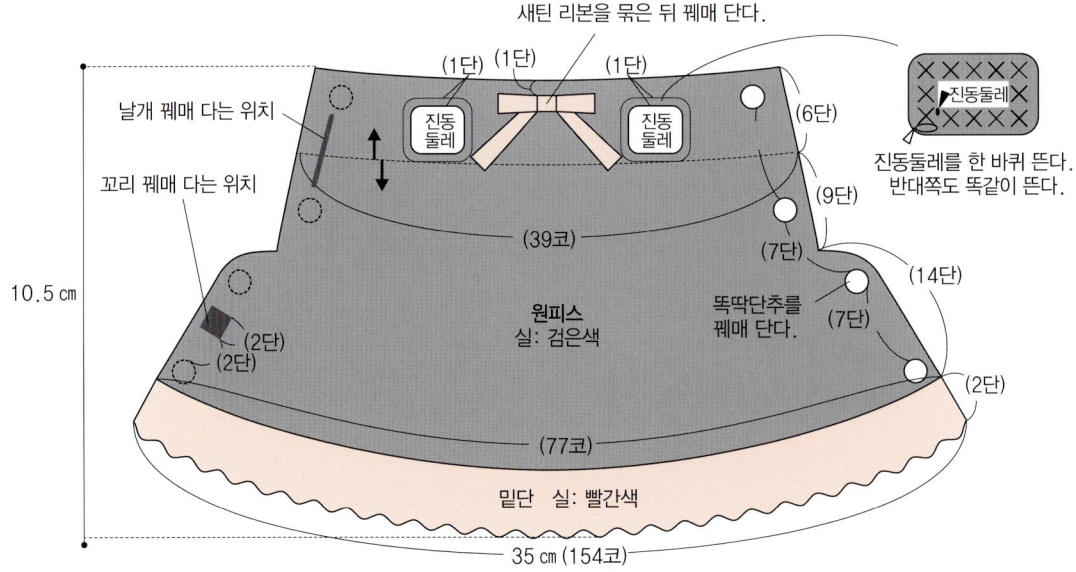

= = 실 연결
◀ = 실 자르기
○ = 사슬뜨기
● = 빼뜨기
× = 짧은뜨기
∨ = 짧은뜨기 2코 늘려뜨기

밑단 실: 빨간색

날개

꼬리

카추샤(머리띠) 실: 검은색

뿔 2개 실: 검은색

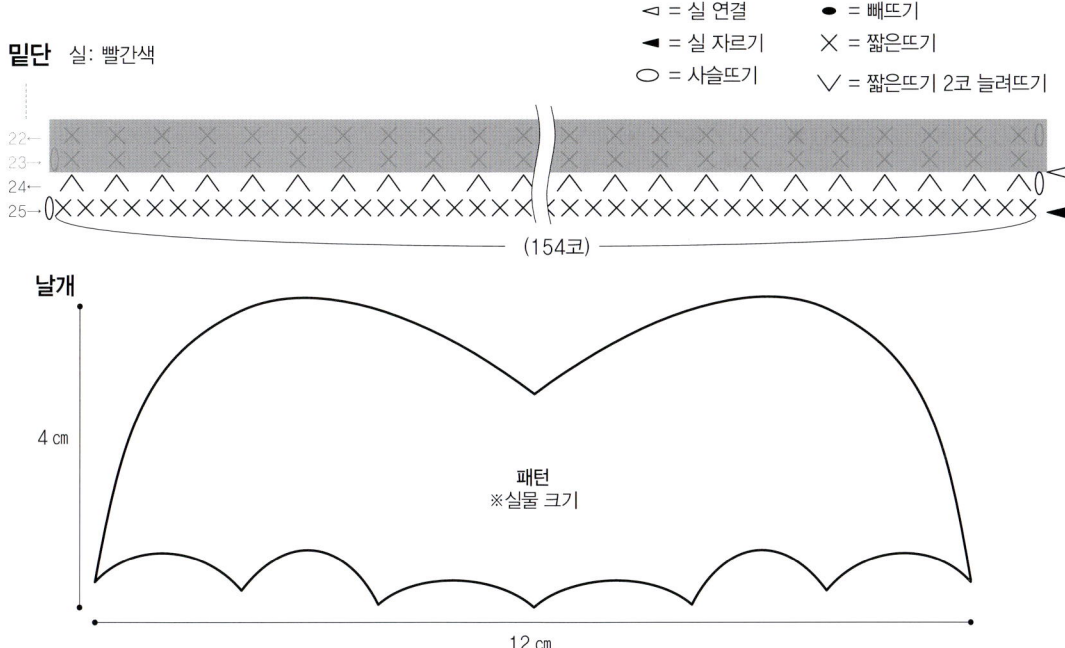

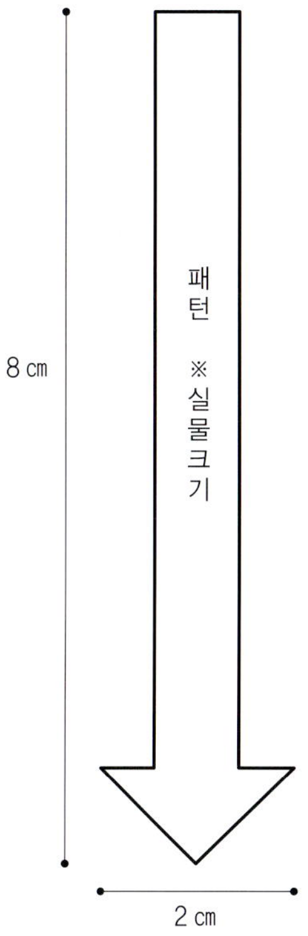

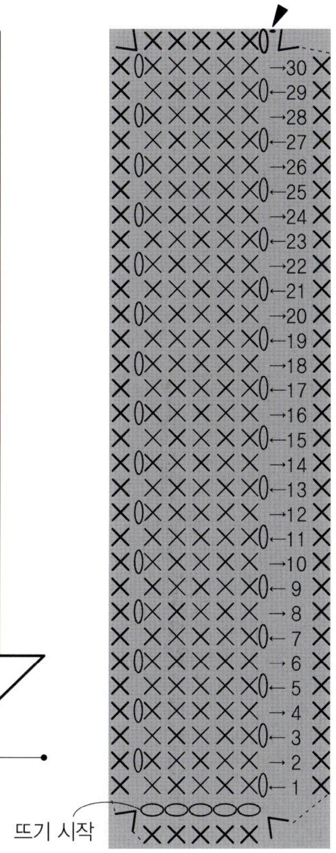

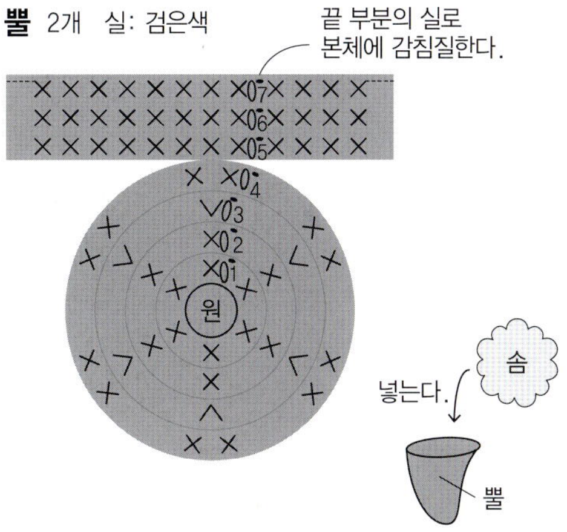

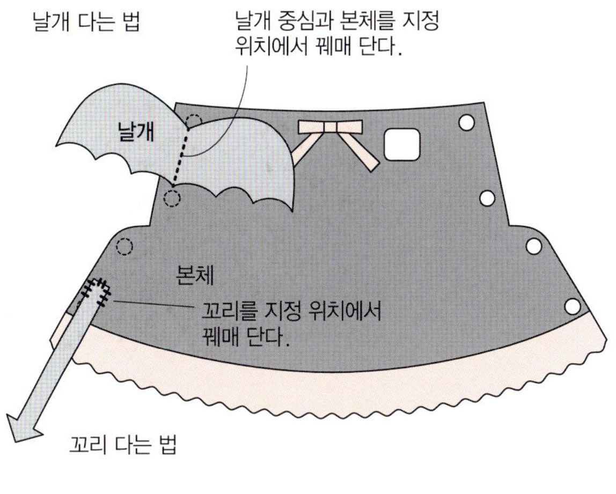

롤리타풍 아미무스

▶▶ Photo P.28

▶ 재료
【실】‥‥ 하마나카 피콜로 #1(흰색) 30g, #17(암갈색) 3g
【기타】‥ 똑딱단추[6mm] 5개, 새틴 리본[3mm 폭](흰색) 1m 30cm,
　　　　 토션 레이스 2종[1cm 폭, 5mm 폭] 각 1m,
　　　　 토션 레이스[3.5cm 폭] 5cm, 바느질실(흰색) 적당량

▶ 도구
코바늘 4호(2.5mm), 돗바늘, 손바느질용 바늘

▶ 완성 치수
【원피스】‥‥‥ 길이 10.5cm
【케이프】‥‥‥ 길이 4cm
【머리장식】‥‥ 가로 8cm×세로 6cm
【부츠】‥‥‥‥ 둘레 7cm×높이 4.5cm

▶ 뜨는 법
【원피스】
1 '기본 원피스 〈원피스〉(P.55)'의 뜨개 도안대로 뜬다. 9단에 실을 연결 프릴을 뜬다.
2 진동둘레에 실을 연결 짧은뜨기를 1단 뜬다.
3 똑딱단추를 꿰매 단다.
4 본체와 프릴 밑단, 본체 가슴에 토션 레이스를 꿰매 단다. 새틴 리본은 묶은 뒤 꿰매 단다.

【케이프】
1 사슬뜨기로 32코를 만들어 뜨개 도안대로 뜬다.
2 똑딱단추를 꿰매 단다.
3 토션 레이스를 꿰매 단다.

【머리장식】
1 사슬뜨기로 8코를 만들어 뜨개 도안대로 뜬다.
2 토션 레이스를 꿰매 단다.
3 새틴 리본을 2줄로 자른 뒤 꿰매 단다.

【부츠】
1 실(암갈색)을 사용해 '고딕풍 아미무스 〈부츠〉(P.85)'의 뜨개 도안대로 2개 뜬다.

완성

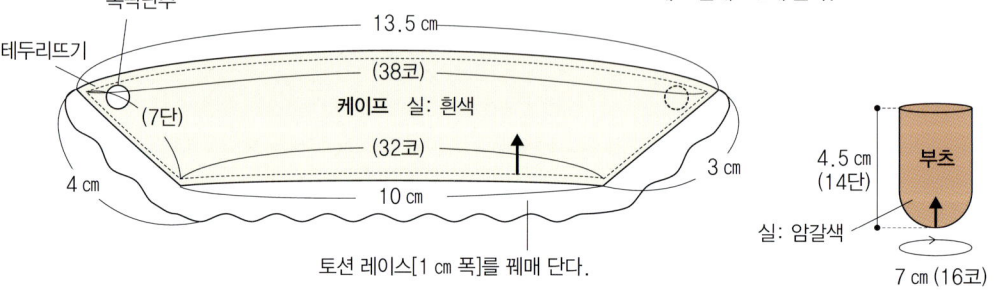

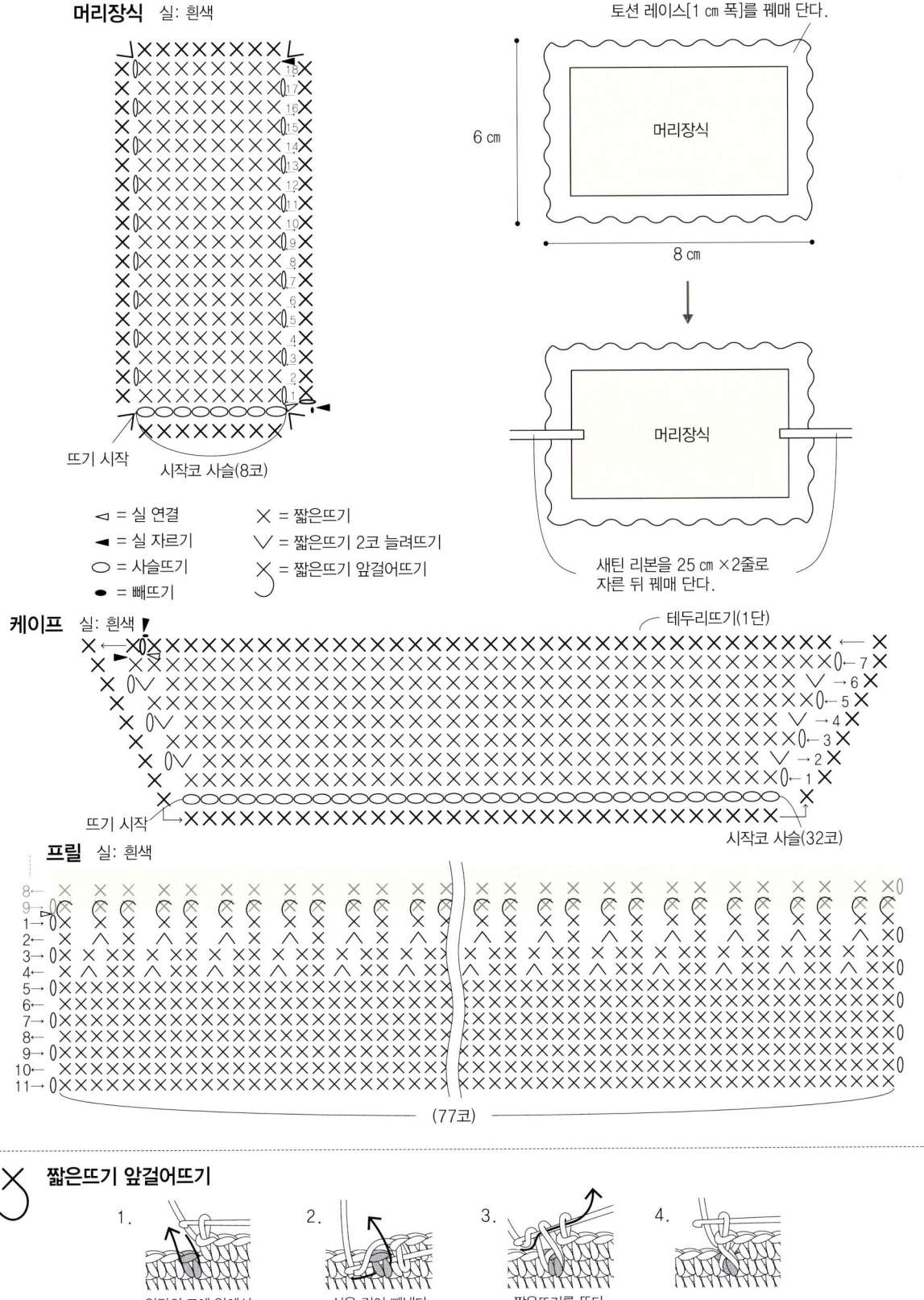

고딕풍 아미무스
▶▶ Photo P.29

▶ 재료
【실】····· 하마나카 피콜로 #20(검은색) 32g
【기타】·· 단추[6mm](검은색) 3개, 똑딱단추[6mm] 4개,
　　　토션 레이스 2종[1cm 폭, 5mm 폭] 각 1m,
　　　새틴 리본[3mm 폭](검은색) 60cm, 바느질실(검은색) 적당량

▶ 도구
코바늘 4호(2.5mm), 돗바늘, 손바느질용 바늘

▶ 완성 치수
【원피스】········ 길이 10.5cm
【미니 모자】····· 가로 6cm×세로 3cm
【부츠】·········· 둘레 7cm×높이 4.5cm

▶ 뜨는 법
【원피스】
1　'기본 원피스 〈원피스〉(P.55)'의 뜨개 도안대로 뜬다. 9단에 실을 연결 '롤리타풍 아미무스 〈프릴〉(P.83)'의 뜨개 도안대로 프릴을 뜬다.
2　진동둘레에 실을 연결 '기본 원피스 〈소매〉(P.54)'의 뜨개 도안대로 뜬다.
3　본체와 프릴 밑단, 본체 가슴에 토션 레이스를 꿰매 단다.
4　단추, 똑딱단추를 꿰매 단다.

【미니 모자】
1　실 고리로 원형코를 만들어 뜨개 도안대로 미니 모자 본체와 덮개를 뜬다.
2　본체에 토션 레이스를 꿰매 단다. 솜을 넣은 뒤 본체와 덮개를 감침질하여 연결한다.
3　새틴 리본을 꿰매 단다.

【부츠】
1　뜨개 도안대로 2개 뜬다.

완성

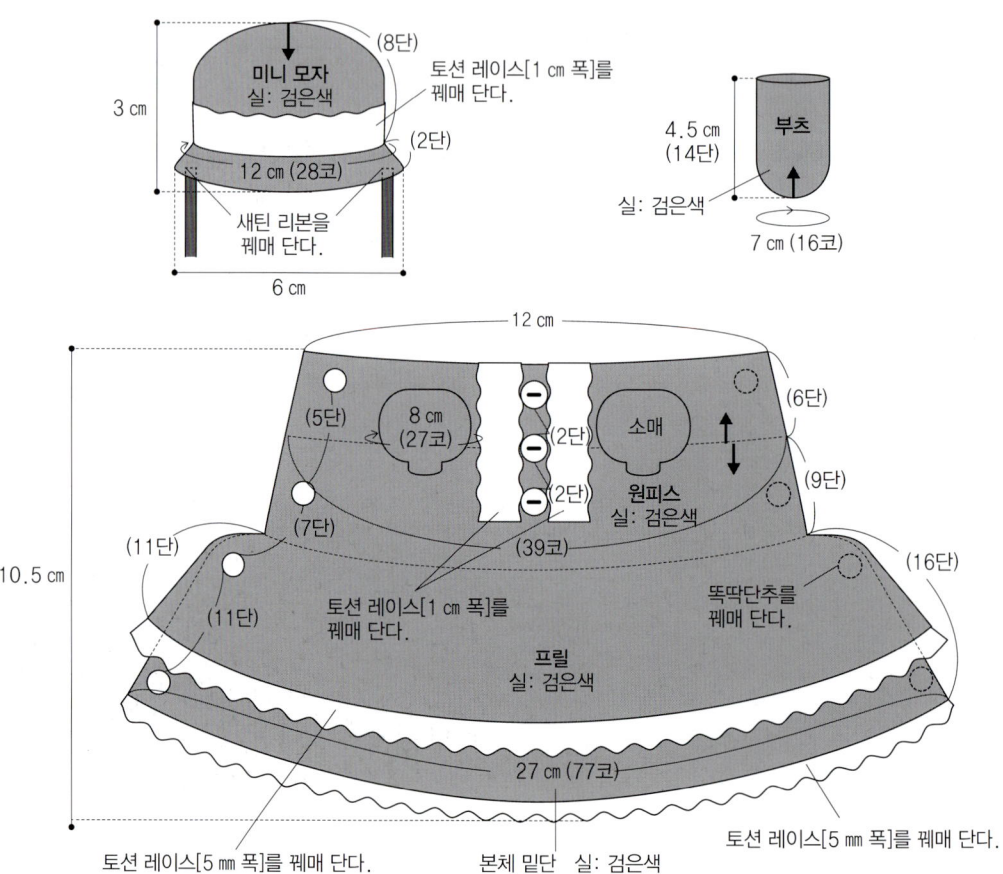

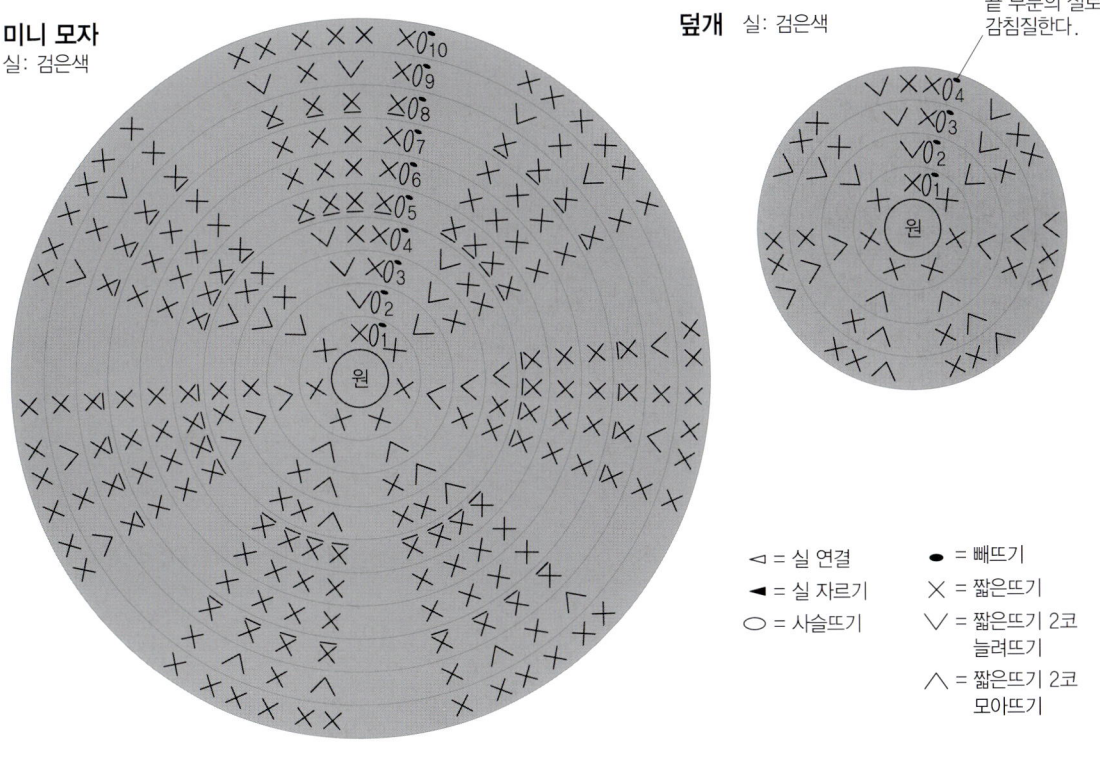

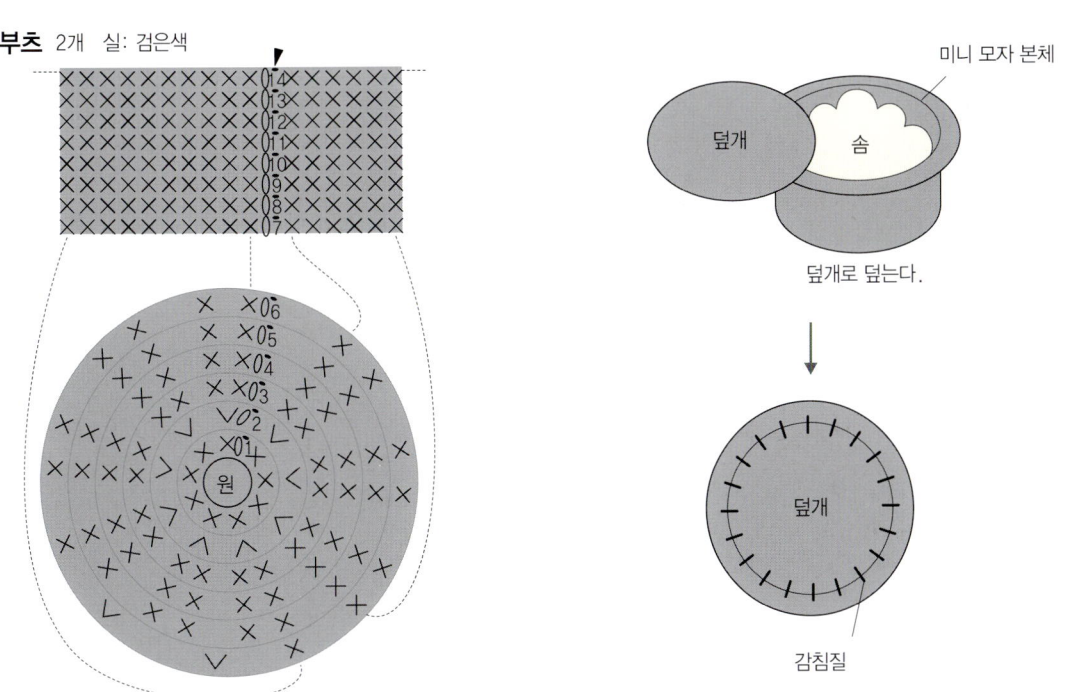

14 남자 교복을 입은 아미무스

▶▶ Photo P.30

▶ 재료
【실】‥‥ 하마나카 피콜로 #1(흰색) 8g · #36(남색) 11g · #20(검은색) 2g, 하마나카 익시드 울 FL 〈합태〉 #237(회색) 17g
【기타】‥ 단추[6mm](검은색) 2개, 똑딱단추[6mm] 5개, 펠트(빨간색) 1장, 바느질실(흰색) · (남색) · (빨간색) 적당량

▶ 도구
코바늘 4호(2.5mm), 돗바늘, 손바느질용 바늘

▶ 완성 치수
【셔츠】‥‥‥ 길이 6cm
【자켓】‥‥‥ 길이 7cm
【바지】‥‥‥ 길이 12cm
【로퍼】‥‥‥ 둘레 7cm×높이 2cm

▶ 뜨는 법
【셔츠】
1 '무스야의 옷장 〈D 스웨터 본체〉(P.69)'의 뜨개 도안대로 뜨는데, 아랫부분은 11단까지 뜬다.
2 진동둘레에 실(흰색)을 연결 '간호사 아미무스 〈소매〉(P.92)'의 뜨개 도안대로 뜬다.
3 '여자 교복을 입은 아미무스 〈옷깃 · 넥타이 만드는 법 · 옷깃과 넥타이 꿰매 다는 법〉(P.84)'을 참고해 뜨개 도안대로 옷깃을 뜨고, 펠트를 넥타이 패턴대로 잘라 넥타이를 만든 뒤 셔츠에 꿰매 단다.
4 똑딱단추를 꿰매 단다.

【바지】
1 '순록 아미무스 〈바지〉(P.73)'의 뜨개 도안대로 뜬다.

【자켓】
1 '무스야의 옷장 〈D 스웨터 · 소매〉(P.69)'의 뜨개 도안대로 뜬다. 자켓은 아랫부분을 13단까지만 뜬다.
2 단추, 똑딱단추를 꿰매 단다.

【로퍼】
1 '여자 교복을 입은 아미무스 〈로퍼〉(P.88)'의 뜨개 도안대로 로퍼와 앞부분을 2개씩 뜬다.
2 앞부분을 로퍼에 꿰매 단다.

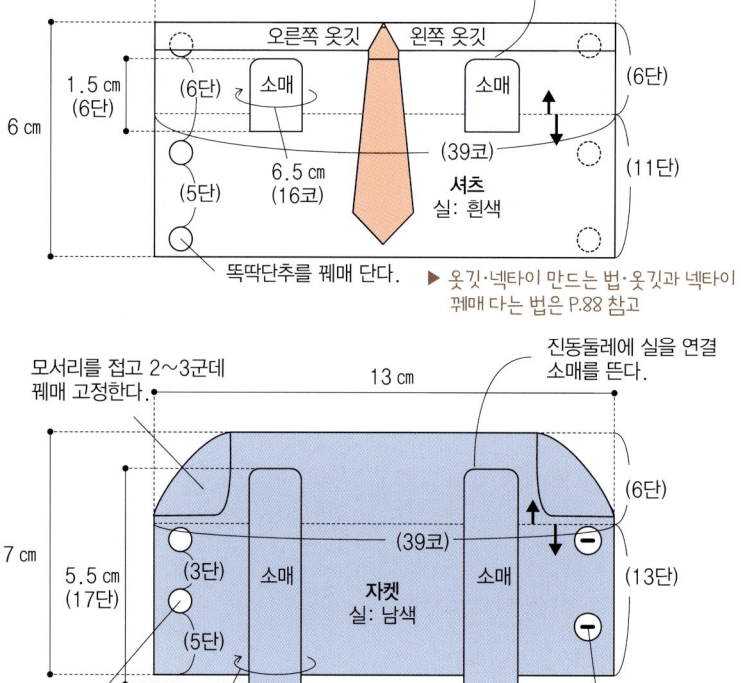

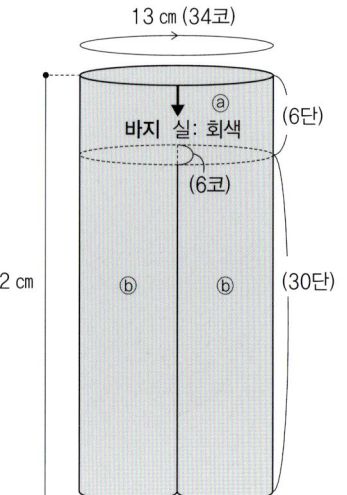

15 여자 교복을 입은 아미무스

▶▶ Photo P.31

재료

【실】····· 하마나카 피콜로 #1(흰색) 8g · #36(남색) 11g · #17(암갈색) 2g, 하마나카 익시드 울 FL〈합태〉#237(회색) 10g
【기타】·· 단추[6mm](검은색) 2개, 똑딱단추[6mm] 6개, 펠트(빨간색) 1장, 바느질실(흰색) · (남색) · (빨간색) 적당량

도구

코바늘 4호(2.5mm), 돗바늘, 손바느질용 바늘

완성 치수

【원피스】····· 길이 10cm
【자켓】········ 길이 6cm
【로퍼】········ 둘레 7cm×높이 2cm

뜨는 법

【원피스】
1. '간호사 아미무스〈간호복〉(P.92)'의 뜨개 도안대로 배색표의 배색에 따라 뜨는데, 아랫부분은 24단까지만 뜬다.
2. 진동둘레에 실(흰색)을 연결 '간호사 아미무스〈소매〉(P.92)'의 뜨개 도안대로 뜬다.
3. 뜨개 도안대로 옷깃을 뜬 뒤 원피스에 꿰매 단다.
4. 펠트를 넥타이 패턴대로 잘라 넥타이를 만든 뒤 꿰매 단다.
5. 똑딱단추를 꿰매 단다.

【자켓】
1. '무스야의 옷장〈D 스웨터 · 소매〉(P.69)'의 뜨개 도안대로 뜬다. 자켓은 아랫부분을 11단까지만 뜬다.
2. 단추, 똑딱단추를 꿰매 단다.

【로퍼】
1. 로퍼는 실 고리로, 앞부분은 사슬뜨기로 코를 만들어 뜨개 도안대로 2개씩 뜬다.
2. 앞부분을 로퍼에 꿰매 단다.

완성

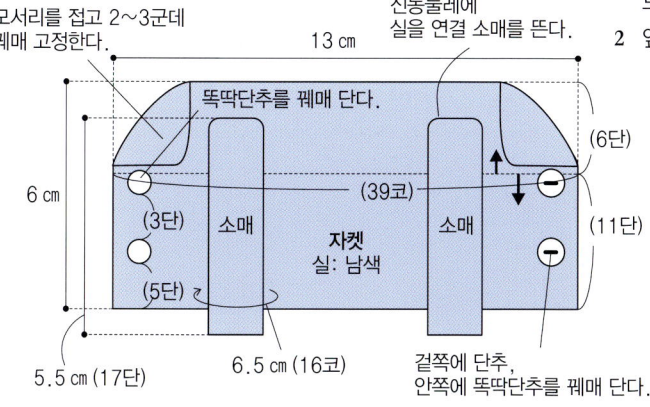

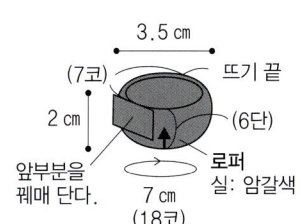

▶ 로퍼의 뜨개 도안은 P.88

단수	배색
28~34	흰색
1~9	흰색
10~24	회색

원피스 배색표

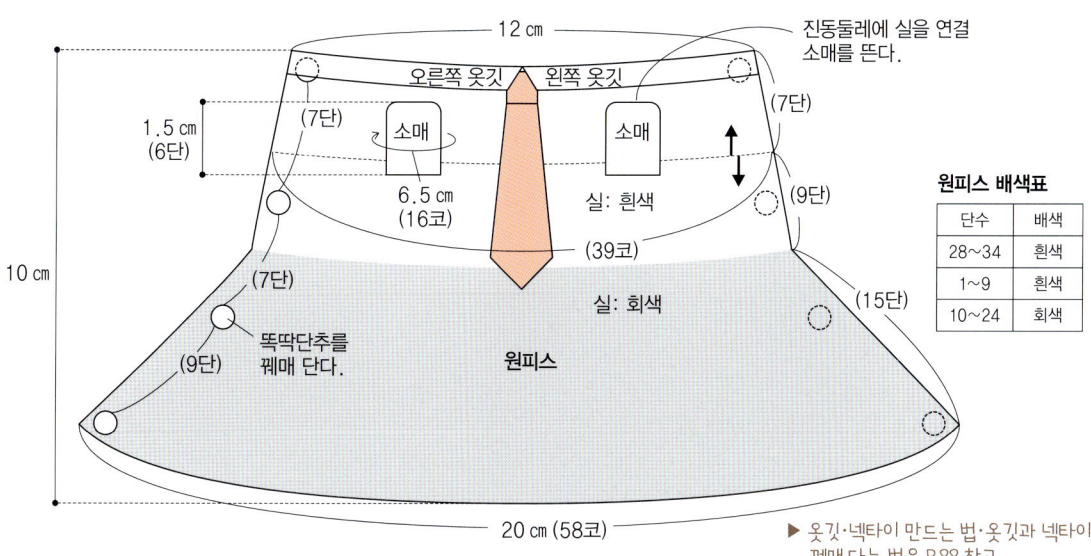

▶ 옷깃·넥타이 만드는 법·옷깃과 넥타이 꿰매 다는 법은 P.88 참고

옷깃 실: 흰색

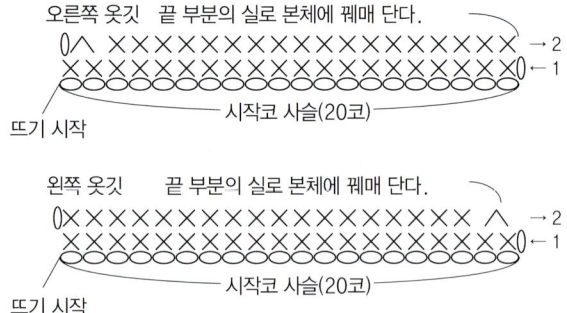

옷깃과 넥타이 꿰매 다는 법

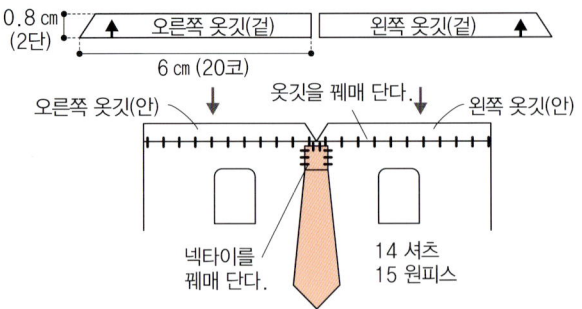

넥타이 만드는 법

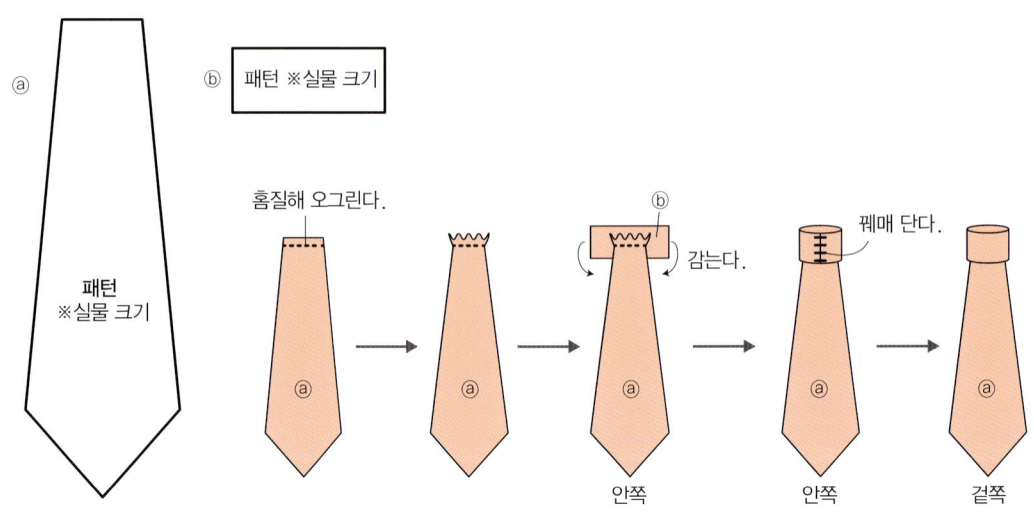

로퍼
2개 실: 14 검은색
　　　　15 암갈색

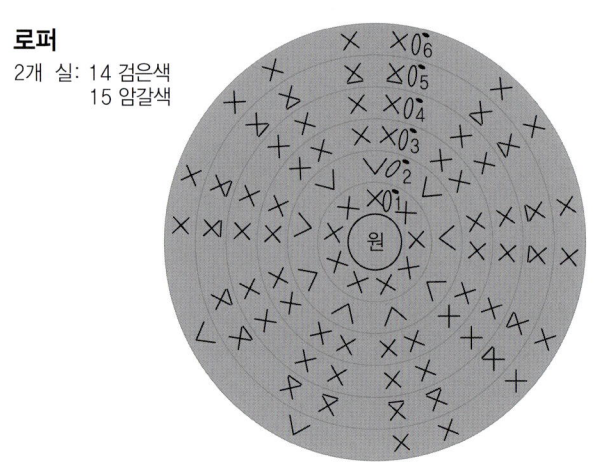

앞부분 2개 실: 14 검은색 15 암갈색

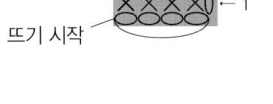

뜨기 시작

◁ = 실 연결　　● = 빼뜨기
◀ = 실 자르기　× = 짧은뜨기
○ = 사슬뜨기　　∨ = 짧은뜨기 2코 늘려뜨기

╳ = 짧은뜨기 이랑뜨기
(뒤쪽 반코를 주워 뜬다)

남자아이 마린 스타일 아미무스

▶▶ Photo P.32

▶◀ 재료
【실】⋯⋯ 하마나카 피콜로 #6(빨간색) 5g, #1(흰색) 2g, #12(물색) 12g
【기타】⋯ 솜 적당량

▶◀ 도구
코바늘 4호(2.5mm), 돗바늘, 손바느질용 바늘

▶◀ 완성 치수
【수영복】⋯ 길이 5.5cm
【튜브】⋯⋯ 지름 9cm×굵기 6cm

▶◀ 뜨는 법
【수영복】
1 '순록 아미무스 〈바지〉(P.73)'의 뜨개 도안대로 ⓐ를 뜬다. ⓑ는 10단까지만 떠서 길이를 짧게 완성한다. ⓑ-1은 배색표의 배색에 따라 뜨고, ⓑ-2는 실(빨간색)을 사용해 뜬다.

【튜브】
1 실 고리로 원형코를 만들어 뜨개 도안대로 뜬다. 솜을 넣은 뒤 끝 부분의 실로 감침질하여 고리 모양으로 만든다.

완성

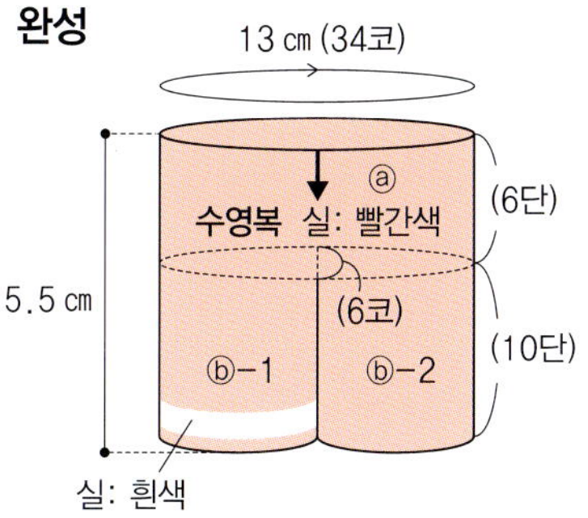

13 cm (34코)
ⓐ
수영복 실: 빨간색
(6단)
5.5 cm
(6코)
ⓑ-1 ⓑ-2
(10단)
실: 흰색

수영복 ⓑ-1 배색표

단수	배색
10	빨간색
8~9	흰색
1~7	빨간색

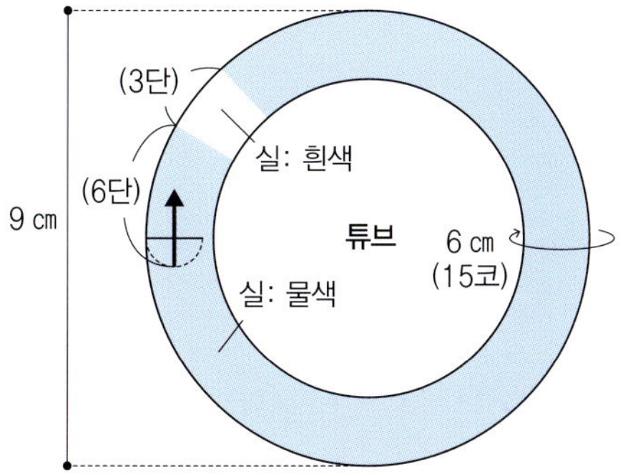

튜브

실:☐ = 물색   실:☐ = 흰색
뜨기 끝 부분의 실로 감침질한다.

(3단)
실: 흰색
(6단)
9 cm
튜브
실: 물색
6 cm
(15코)

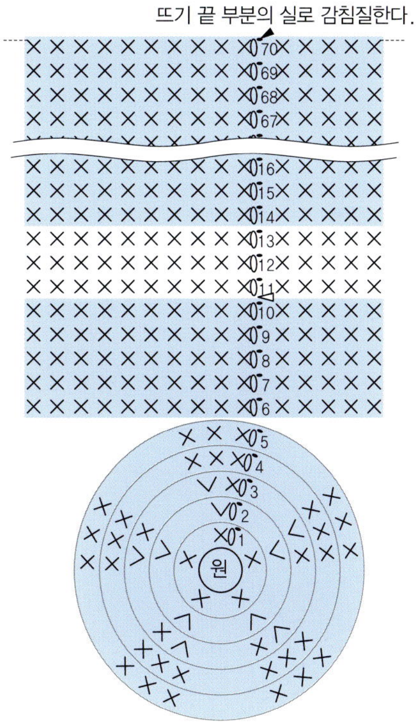

◁ = 실 연결
◯ = 사슬뜨기
● = 빼뜨기
╳ = 짧은뜨기
∨ = 짧은뜨기 2코 늘려뜨기

튜브 만드는 법

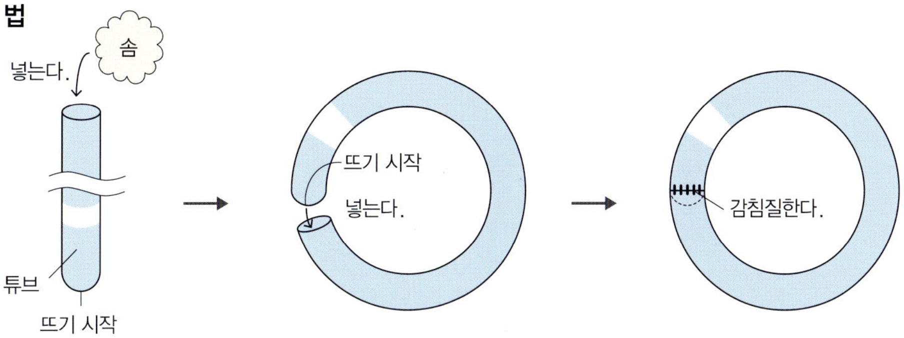

솜
넣는다.
튜브
뜨기 시작

→

뜨기 시작
넣는다.

→

감침질한다.

여자아이 마린 스타일 아미무스
▶▶ Photo P.33

▶ 재료
【실】…… 하마나카 피콜로 #22(핑크색) 5g
【기타】‥ 단추[6mm](핑크색) 2개, 똑딱단추[6mm] 1개,
　　　　바느질실(핑크색) 적당량

▶ 도구
코바늘 4호(2.5mm), 돗바늘, 손바느질용 바늘

▶ 완성 치수
【수영복(위)】…… 길이 1.5cm, 어깨끈 4.5cm
【수영복(아래)】… 길이 3cm

▶ 뜨는 법
【수영복(위)】
1 뜨개 도안대로 본체와 어깨끈 2줄을 뜬다.
2 어깨끈을 본체에 꿰매 단다.
3 단추, 똑딱단추를 꿰매 단다.

【수영복(아래)】
1 '순록 아미무스 〈바지〉(P.73)'의 뜨개 도안대로 ⓐ를 뜬다. ⓑ는 3단까지만 떠서 길이를 짧게 완성한다. ⓐ의 3단에 실을 연결 뜨개 도안대로 ⓒ를 뜬다.
2 단추를 꿰매 단다.

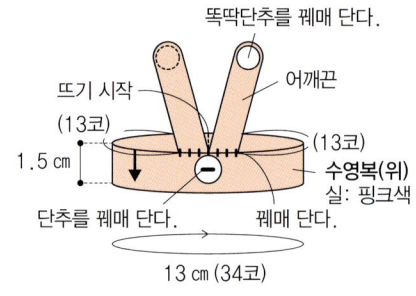

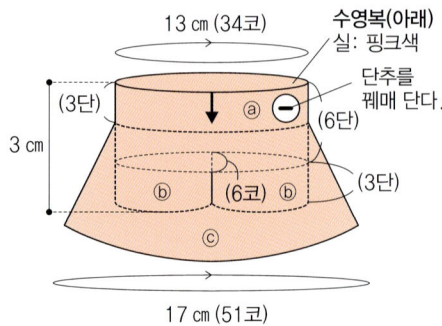

수영복(위)
실: 핑크색

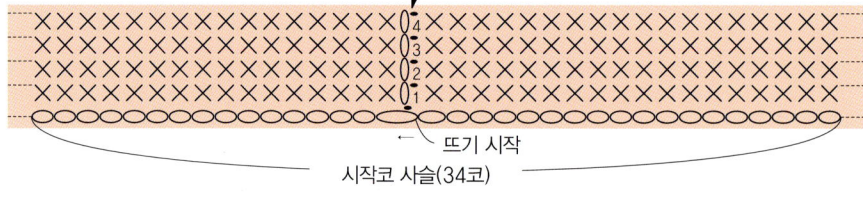

수영복(아래)
실: 핑크색

◁ = 실 연결　○ = 사슬뜨기　✕ = 짧은뜨기　✕ = 짧은뜨기 앞걸어뜨기
◀ = 실 자르기　● = 빼뜨기　∨ = 짧은뜨기 2코 늘려뜨기　▶ 뜨는 법은 P.83 참고

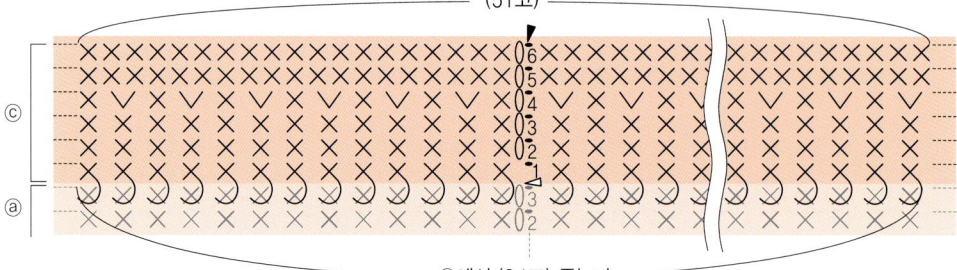

간호사 아미무스

▶▶ Photo P.34

▶◀ 재료
【실】····· 하마나카 피콜로 #40(연핑크색) 21g
【기타】·· 똑딱단추[6mm] 3개, 바느질실(핑크색) 적당량

▶◀ 도구
코바늘 4호(2.5mm), 돗바늘, 손바느질용 바늘

▶◀ 완성 치수
【간호복】········ 길이 10.5cm
【간호 모자】···· 머리둘레 26cm×높이 4cm
【신발】·········· 둘레 7cm×높이 2cm

▶◀ 뜨는 법
【간호복】
1 사슬뜨기로 코를 만들어 뜨개 도안대로 아랫부분을 27단 뜬다. 이어서 윗부분을 뜬다. 실을 연결하고 10코를 주워 3단 뜬다. 간격을 5코 띄워서 실을 연결하고 9코를 주워 3단 뜬다. 다시 간격을 5코 띄워서 실을 연결하고 10코를 주워 3단 뜬다. 실을 연결 나머지 4단을 뜬다.
2 진동둘레에 실을 연결 소매를 뜬다.
3 뜨개 도안대로 주머니를 2개 뜬 뒤 간호복에 꿰매 단다.
4 똑딱단추를 꿰매 단다.

【간호 모자】
1 실 고리로 원형코를 만들어 뜨개 도안대로 간호 모자를 뜬다.
2 사슬뜨기로 35코를 만들어 앞부분을 뜬 뒤 간호 모자에 감침질로 연결한다.

【신발】
1 뜨개 도안대로 2개 뜬다.

완성

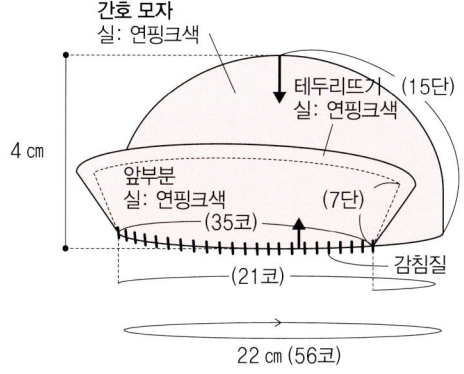

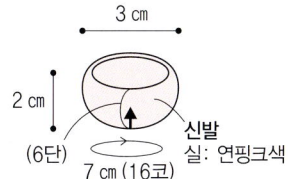

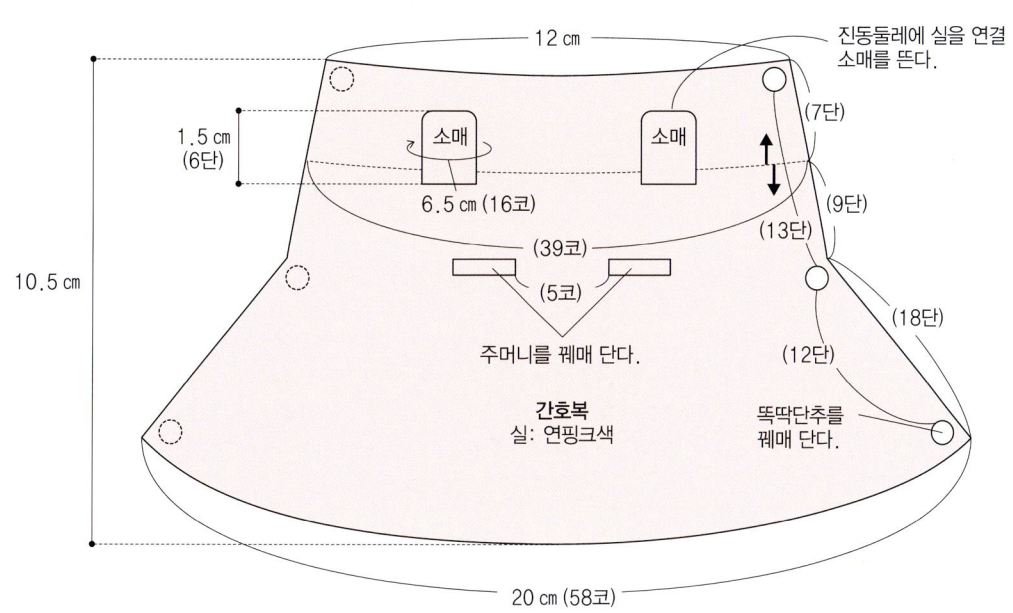

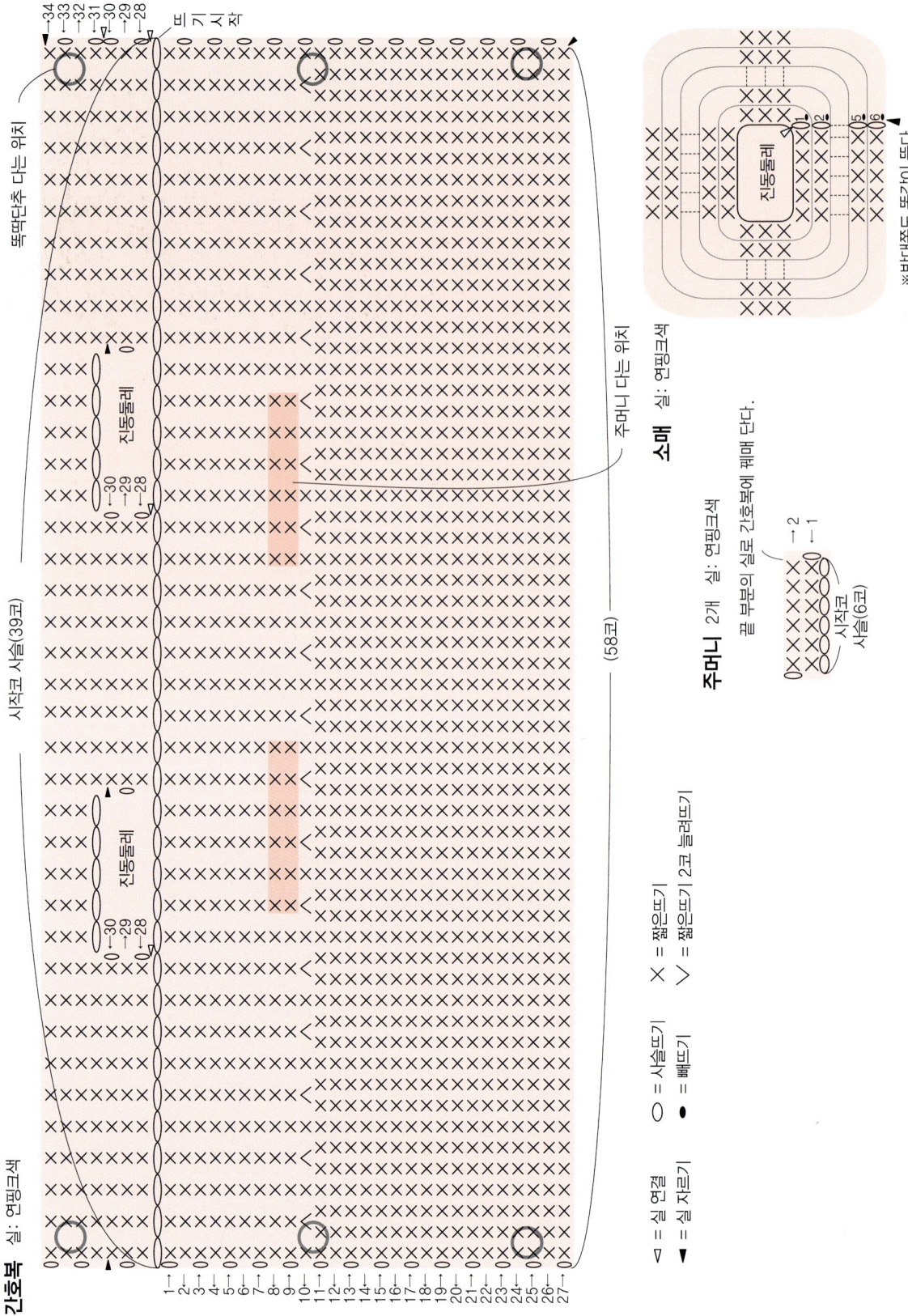

신발
2개 실: 연핑크색

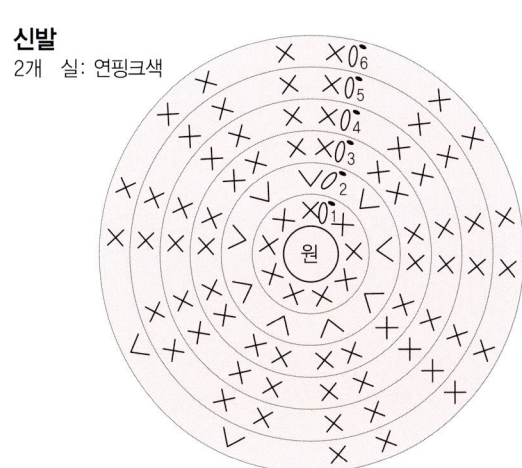

◁ = 실 연결
◀ = 실 자르기
○ = 사슬뜨기
● = 빼뜨기
✕ = 짧은뜨기
∨ = 짧은뜨기 2코 늘려뜨기
∧ = 짧은뜨기 2코 모아뜨기

간호 모자
실: 연핑크색

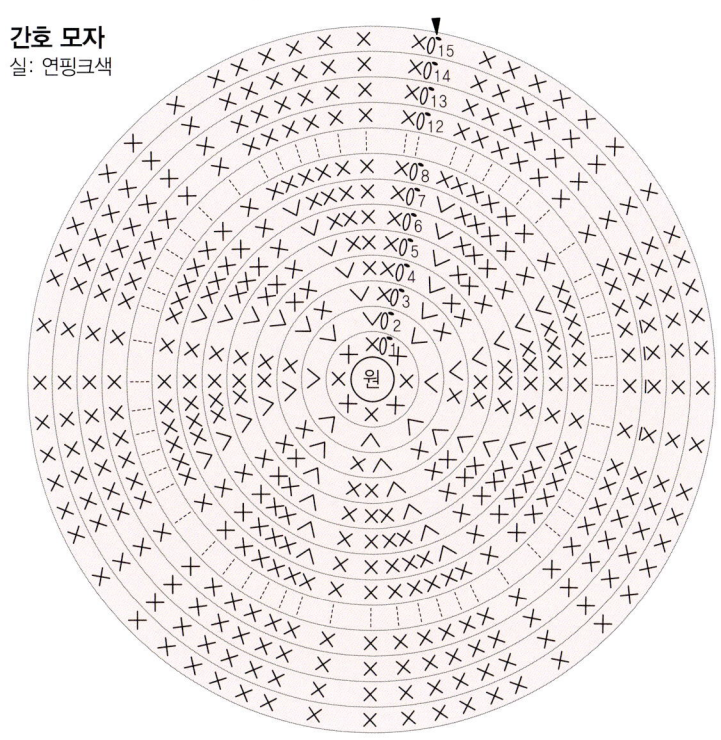

앞부분 실: 연핑크색

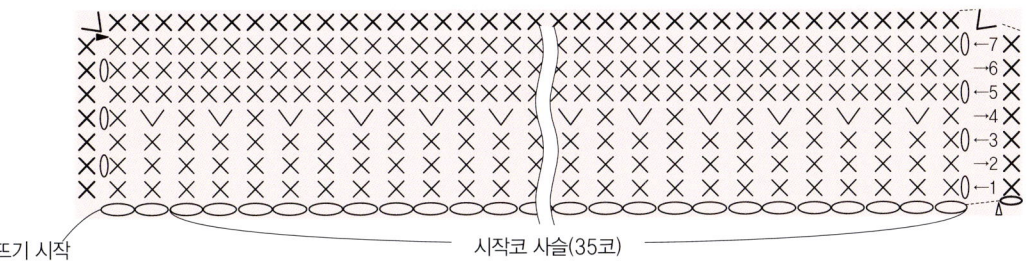

뜨기 시작 시작코 사슬(35코)

의사 아미무스
▶▶ Photo P.35

▶ 재료
【실】····· 하마나카 피콜로 #1(흰색) 24g, #20(검은색) 12g
【기타】·· 단추[6mm](흰색) 2개, 똑딱단추[6mm] 5개, 펠트(파란색) 1장, 바느질실(흰색)·(검은색)·(파란색) 적당량

▶ 도구
코바늘 4호(2.5mm), 돗바늘, 손바느질용 바늘

▶ 완성 치수
【셔츠】········ 길이 6cm
【흰 가운】···· 길이 10cm
【바지】········ 길이 12cm
【신발】········ 둘레 7cm×높이 2cm

▶ 뜨는 법
【셔츠】
1 '무스야의 옷장〈D 스웨터〉(P.69)'의 뜨개 도안대로 뜨는데, 아랫부분은 11단까지만 뜬다.
2 진동둘레에 실(흰색)을 달아 '간호사 아미무스〈소매〉(P.92)'의 뜨개 도안대로 뜬다.
3 '여자 교복을 입은 아미무스〈옷깃·넥타이 만드는 법·옷깃과 넥타이 꿰매 다는 법〉(P.88)'을 참고해 뜨개 도안대로 옷깃을 뜨고, 펠트를 넥타이 패턴대로 잘라 넥타이를 만든 뒤 셔츠에 꿰매 단다.
4 똑딱단추를 꿰매 단다.

【바지】
1 '순록 아미무스〈바지〉(P.73)'의 뜨개 도안대로 뜬다.

【흰 가운】
1 '무스야의 옷장〈D 스웨터·소매〉(P.69)'의 뜨개 도안대로 뜬다. 흰 가운은 아랫부분을 20단까지 뜬다.
2 단추, 똑딱단추를 꿰매 단다.

【신발】
1 '아미의 옷장〈신발〉(P.62)'의 뜨개 도안대로 2개 뜬다.

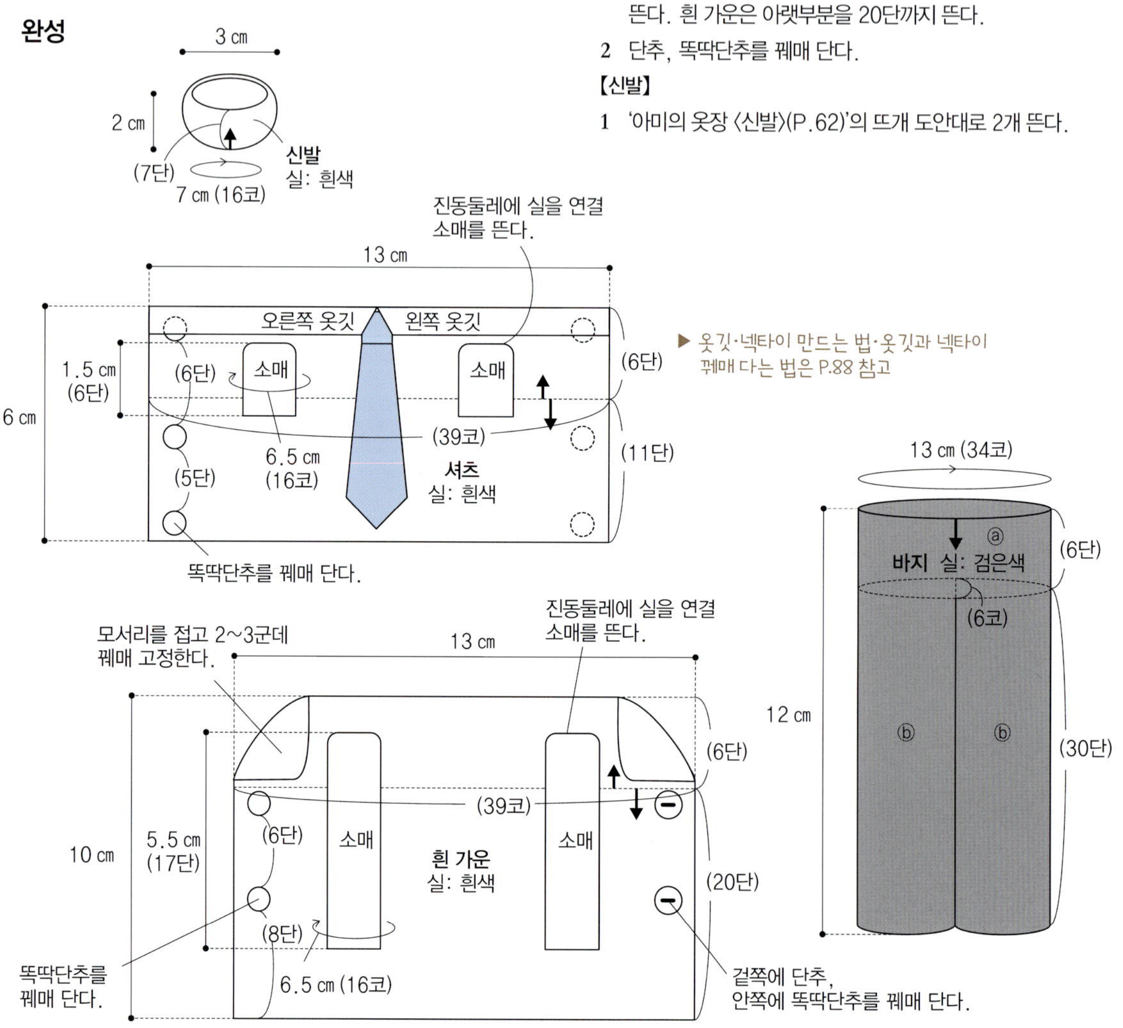

 웨딩 아미무스
▶▶ Photo P.36, 37

신랑

재료
【실】····· 하마나카 피콜로 #33(회색) 26g, #1(흰색) 8g, #20(검은색) 2g
【기타】·· 단추[6mm](흰색) 2개, 똑딱단추[6mm] 5개, 펠트(진회색) 1장,
　　　 바느질실(회색)·(흰색) 적당량

도구
코바늘 4호(2.5mm), 돗바늘, 손바느질용 바늘

완성 치수
【셔츠】······· 길이 6cm
【턱시도】···· 길이 10cm
【바지】······· 길이 12cm
【신발】······· 둘레 7cm×높이 2cm

뜨는 법
【셔츠】
1 '무스야의 옷장〈D 스웨터〉(P.69)'의 뜨개 도안대로 뜨는데, 아랫부분은 11단까지만 뜬다.
2 진동둘레에 실(흰색)을 연결 '간호사 아미무스〈소매〉(P.92)'의 뜨개 도안대로 뜬다.
3 '여자 교복을 입은 아미무스〈옷깃·넥타이 만드는 법·옷깃과 넥타이 꿰매 다는 법〉(P.88)'을 참고해 뜨개 도안대로 옷깃을 뜨고, 펠트를 넥타이 패턴대로 잘라 넥타이를 만든 뒤 셔츠에 꿰매 단다.
4 똑딱단추를 꿰매 단다.

【바지】
1 '순록 아미무스〈바지〉(P.73)'의 뜨개 도안대로 뜬다.

【턱시도】
1 '무스야의 옷장〈D 스웨터·소매〉(P.69)'의 뜨개 도안대로 뜬다. 턱시도는 아랫부분을 20단까지 뜬다.
2 단추, 똑딱단추를 꿰매 단다.

【신발】
1 '아미의 옷장〈신발〉(P.62)'의 뜨개 도안대로 2개 뜬다.

완성

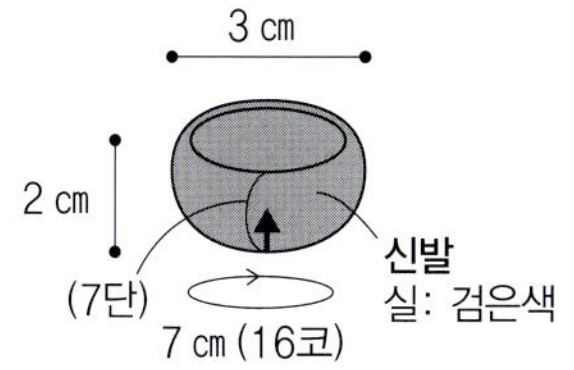

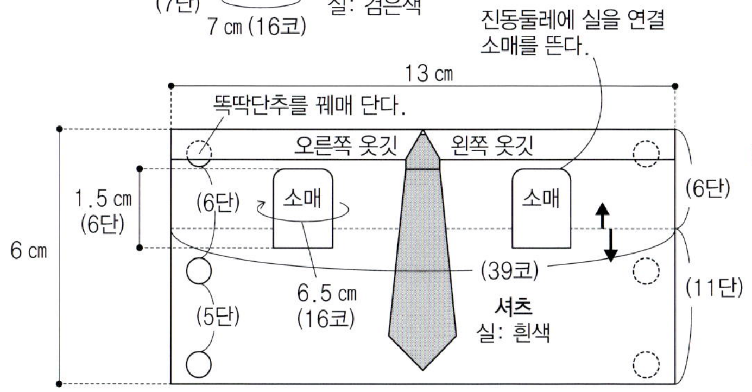

신발
실: 검은색
3 cm
2 cm
(7단)
7 cm (16코)

똑딱단추를 꿰매 단다.
13 cm
오른쪽 옷깃　왼쪽 옷깃
1.5 cm (6단)
6 cm
(6단) 소매
(5단)
소매 (6단)
(11단)
(39코)
6.5 cm (16코)
셔츠
실: 흰색
진동둘레에 실을 연결 소매를 뜬다.

▶ 옷깃·넥타이 만드는 법·옷깃과 넥타이 꿰매 다는 법은 P.88 참고

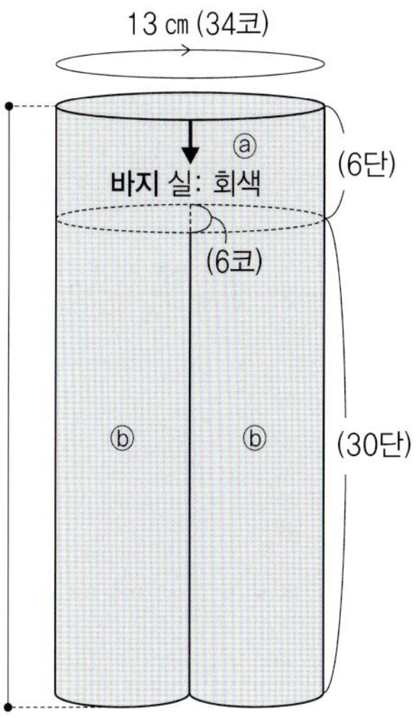

13 cm (34코)
바지 실: 회색
ⓐ
(6단)
(6코)
12 cm
ⓑ ⓑ
(30단)

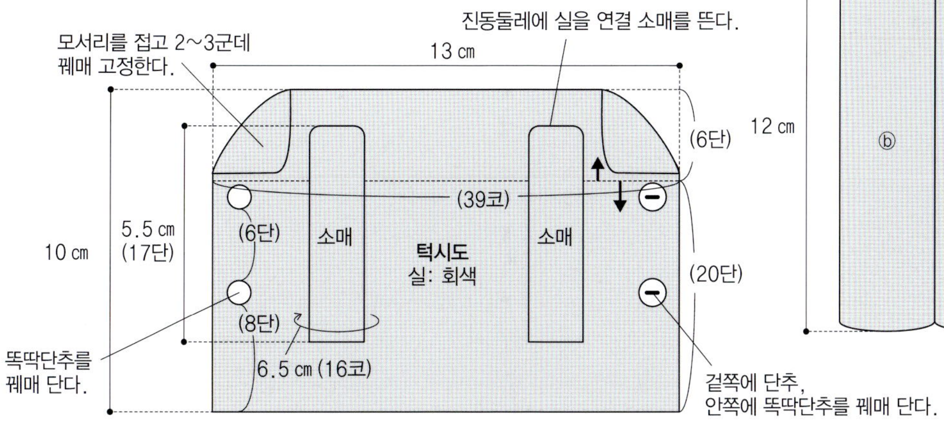

모서리를 접고 2~3군데 꿰매 고정한다.
진동둘레에 실을 연결 소매를 뜬다.
13 cm
10 cm
5.5 cm (17단)
(6단) 소매
(8단)
소매
(6단)
(39코)
턱시도
실: 회색
6.5 cm (16코)
(20단)

똑딱단추를 꿰매 단다.
겉쪽에 단추, 안쪽에 똑딱단추를 꿰매 단다.

신부

▶ 재료
- 【실】····· 하마나카 피콜로 #1(흰색) 12g
- 【기타】·· 똑딱단추[6mm] 4개, 레이스 3종[3cm 폭] 25cm · [1cm 폭] 70cm · [5cm 폭] 20cm, 레이스 꽃 또는 조화 적당량, 바느질실(흰색) 적당량

▶ 도구
코바늘 4호(2.5mm), 돗바늘, 손바느질용 바늘

▶ 완성 치수
- 【드레스】····· 길이 15cm
- 【베일】······· 가로 20cm×세로 5cm
- 【신발】······· 둘레 7cm×높이 2cm

▶ 뜨는 법

【드레스】
1. '기본 원피스 〈원피스〉(P.55)'의 뜨개 도안대로 아랫부분만 뜬다. 45단까지 떠서 길이를 길게 완성한다.
2. 똑딱단추를 꿰매 단다.
3. 밑단과 윗부분에 레이스를 꿰매 단 뒤 가슴에 레이스 꽃 또는 조화를 1개 꿰매 단다.

【베일】
1. 레이스[5cm 폭] 20cm에 레이스 꽃 또는 조화를 꿰매 단다 (6~8개).
2. 주름을 잡은 뒤 아미무스 머리 위에 얹는다.

【신발】
1. '간호사 아미무스 〈신발〉(P.93)'의 뜨개 도안대로 2개 뜬다.

완성

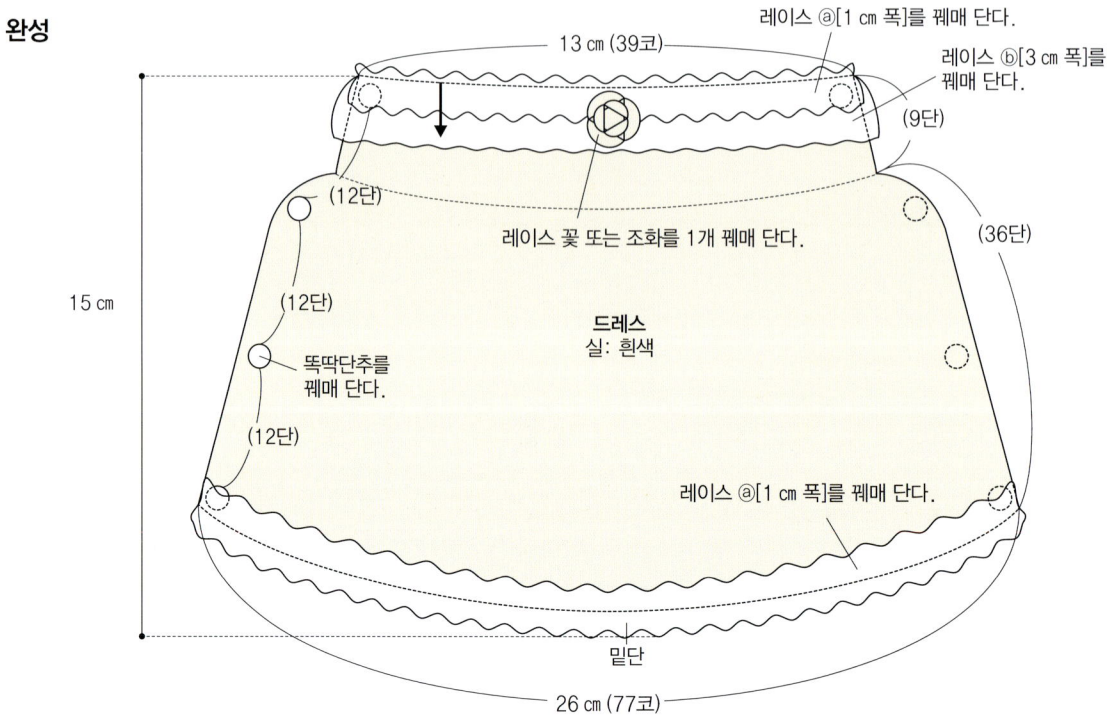

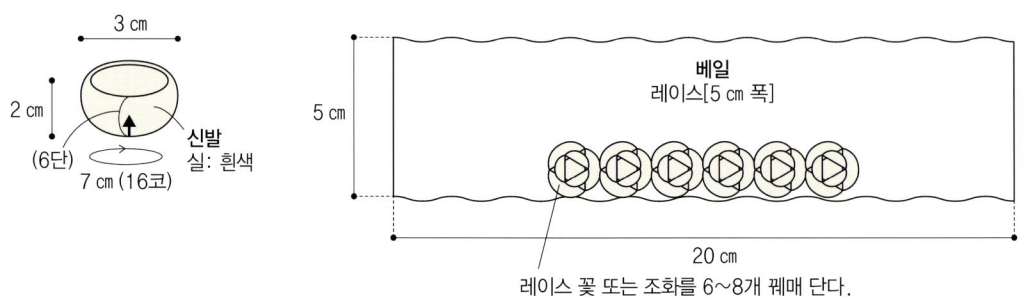

머리 모양 베리에이션

※ 머리 모양 이외의 부분은 38~49쪽 '기본 아미무스'와 만드는 법·재료가 모두 동일합니다.
무스야는 52쪽을 참고해 오른쪽 눈 위에 눈썹을 수놓습니다.

아미 실: 하마나카 피콜로 #17(암갈색) 각 12g

Ⓐ

앞머리: 일자
뒷머리: 스트레이트
(기본 아미무스)

Ⓑ

앞머리: 일자
뒷머리: 트윈테일

Ⓒ

앞머리: 일자
뒷머리: 웨이브

Ⓓ

앞머리: 일자
뒷머리: 스트레이트·양 갈래 묶기

Ⓔ

앞머리: 일자
뒷머리: 스트레이트·세 갈래 땋기

무스야
실: 하마나카 피콜로 #21(황토색) 12g

Ⓕ

앞머리: 옆으로 넘기기
뒷머리: 스트레이트
※뒷머리를 얼굴 윤곽으로부터
5mm 정도 아래에서 자른다.

미무 실: 하마나카 피콜로 #29(적갈색) 각 12g

Ⓖ

앞머리: 옆으로 넘기기
뒷머리: 스트레이트

Ⓗ

앞머리: 옆으로 넘기기
뒷머리: 웨이브

Ⓘ

앞머리: 옆으로 넘기기
뒷머리: 트윈테일

앞머리 만드는 법 ※트윈테일(Ⓑ①)은 뒷머리를 감침질하여 머리에 단 뒤에 앞머리를 심는다.

일자 … Ⓐ Ⓑ Ⓒ Ⓓ Ⓔ

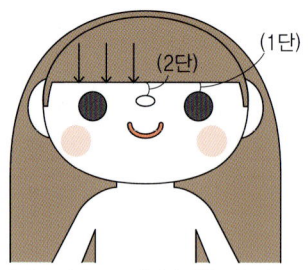

'기본 아미무스 머리카락을 심는다
(P.47~49)' 참고.

옆으로 넘기기 … Ⓕ Ⓖ Ⓗ Ⓘ

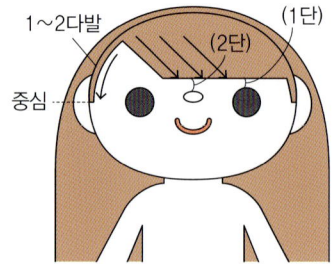

'기본 아미무스 머리카락을 심는다(P.47~49)' 참고.
앞머리를 왼쪽에서 갈라 사선으로 집어넣고,
가장자리의 1~2다발은 귀 중심의 위치에 집어넣는다.

뒷머리 만드는 법

스트레이트 … Ⓐ Ⓓ Ⓔ Ⓖ

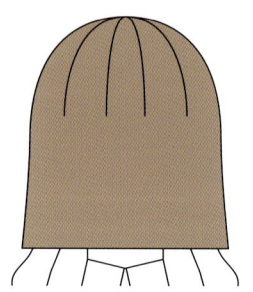

'기본 아미무스 머리카락을 심는다
(P.47~49)'를 참고해 심는다.

스트레이트 … Ⓕ

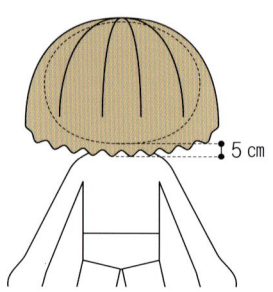

'기본 아미무스 머리카락을 심는다(P.47~49)'를
참고해 심는다. 얼굴 윤곽에서 5㎜ 정도
아래를 윤곽을 따라 자른다.

양 갈래 묶기 … Ⓓ

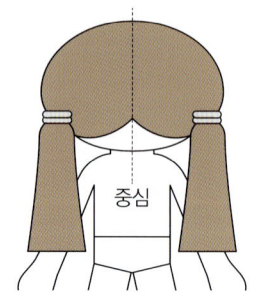

'기본 아미무스 머리카락을 심는다
(P.47~49)'에서 심은 머리카락을
중심에서 둘로 나눠 묶는다.

세 갈래 땋기 … Ⓔ

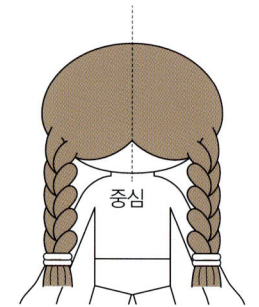

'기본 아미무스 머리카락을 심는다
(P.47~49)'에서 심은 머리카락을
중심에서 둘로 나눠 세 갈래로 땋는다.

웨이브 … Ⓒ Ⓗ

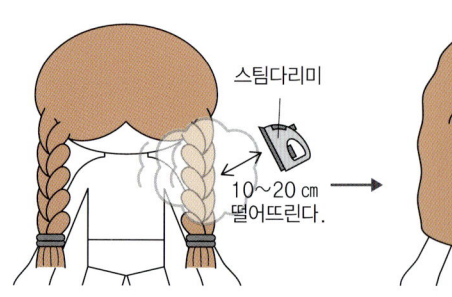

세 갈래로 땋은 머리에 스팀다리미로
3~5분 증기를 쐬어 준 뒤
5~6시간 식혀 둔다.

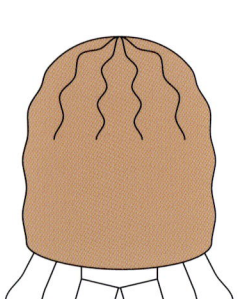

땋은 실을 풀고
머리카락을 정돈한다.

트윈테일 … Ⓑ ①

※뒷머리를 감침질하여 머리에 단 뒤에 앞머리를 심는다.

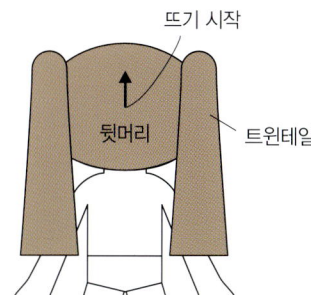
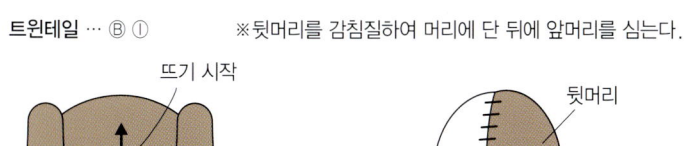

뒷머리를 뜨개 도안대로 뜬 뒤 인형 머리에 감침질로 단다.

앞머리를 심는다. 머리 안으로 넣은 앞머리를 트윈테일 위치로 빼내 뒷머리를 만든다.

뒷머리

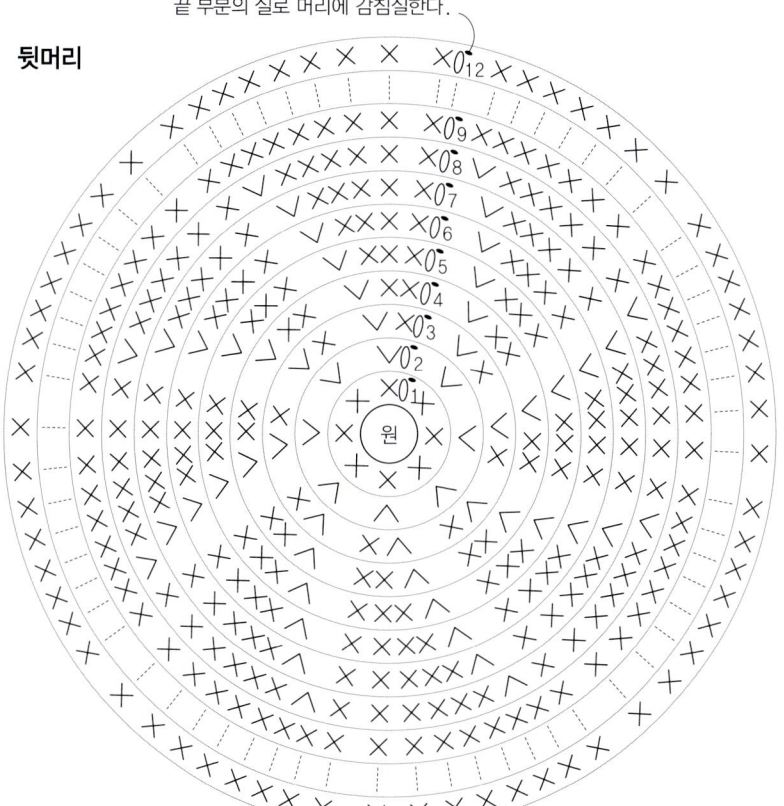

뒷머리가 같은 양이 되게끔 앞머리를 중심에서 나눠 심는다.

트윈테일 머리카락을 취향에 따라 웨이브나 세 갈래 땋기로!

KAGIBARI DE AMU KAWAII KISEKAE by Naruto
Copyright © Naruto 2018
All rights reserved.
Original Japanese edition published by Nitto Shoin Honsha Co., Ltd.

This Korean edition is published by arrangement with Nitto Shoin Honsha Co., Ltd., Tokyo in care of Tuttle-Mori Agency, Inc., Tokyo through Imprima Korea Agency, Seoul.

이 책의 한국어판 출판권은 Imprima Korea Agency를 통해 Nitto Shoin Honsha Co., Ltd.와의 독점계약으로 터닝포인트에 있습니다. 저작권법에 의해 한국 내에서 보호를 받는 저작물이므로 무단전재와 무단복제를 금합니다.

귀여운 아미무스&무스야
코바늘 손뜨개 인형

2020년 1월 5일 초판 1쇄 인쇄
2020년 1월 10일 초판 1쇄 발행

지은이	나루토
옮긴이	배혜영
감수	조수연
펴낸이	정상석
기획·편집	터닝포인트
편집 디자인	앤미디어
표지 디자인	김보라
펴낸 곳	터닝포인트(www.diytp.com)
등록번호	제2005-000285호
주소	(03991) 서울특별시 마포구 동교로27길 53 지남빌딩 308호
대표 전화	(02)332-7646
팩스	(02)3142-7646
ISBN	979-11-6134-060-9 14630
	979-11-6134-047-0 14630(세트)
정가	15,000원

내용 및 원고 집필 문의   diamat@naver.com
터닝포인트는 삶에 긍정적 변화를 가져오는 좋은 원고를 환영합니다.

※이 책에 수록된 내용이나 사진, 일러스트 등을 출판권자의 허락 없이 복제 배포하는 행위는 저작권법에 위반됩니다.

이 도서의 국립중앙도서관 출판예정도서목록(CIP)은 서지정보유통지원시스템 홈페이지(http://seoji.nl.go.kr)와 국가자료공동목록시스템(http://www.nl.go.kr/kolisnet)에서 이용하실 수 있습니다.(CIP제어번호: CIP2019048761)

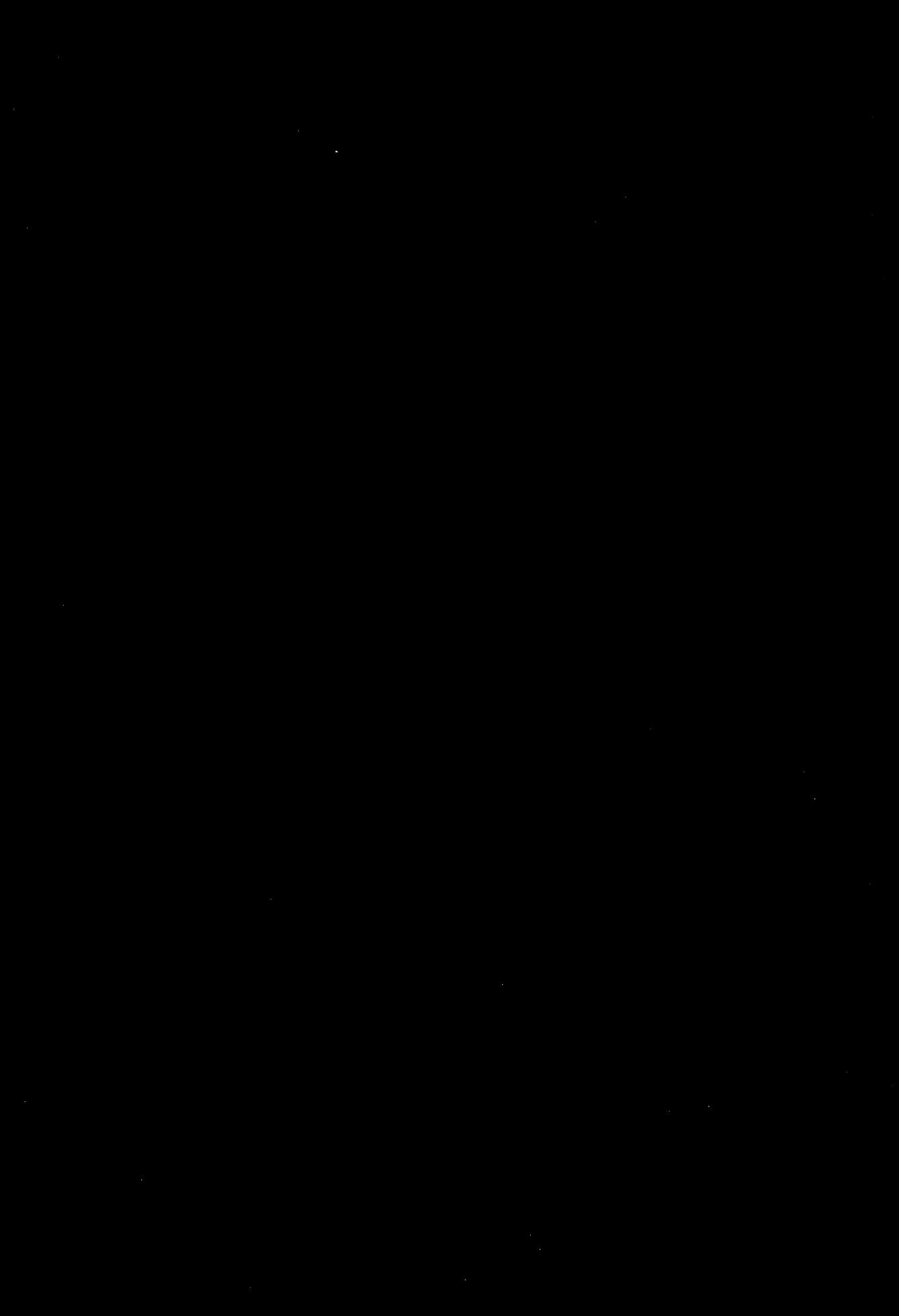

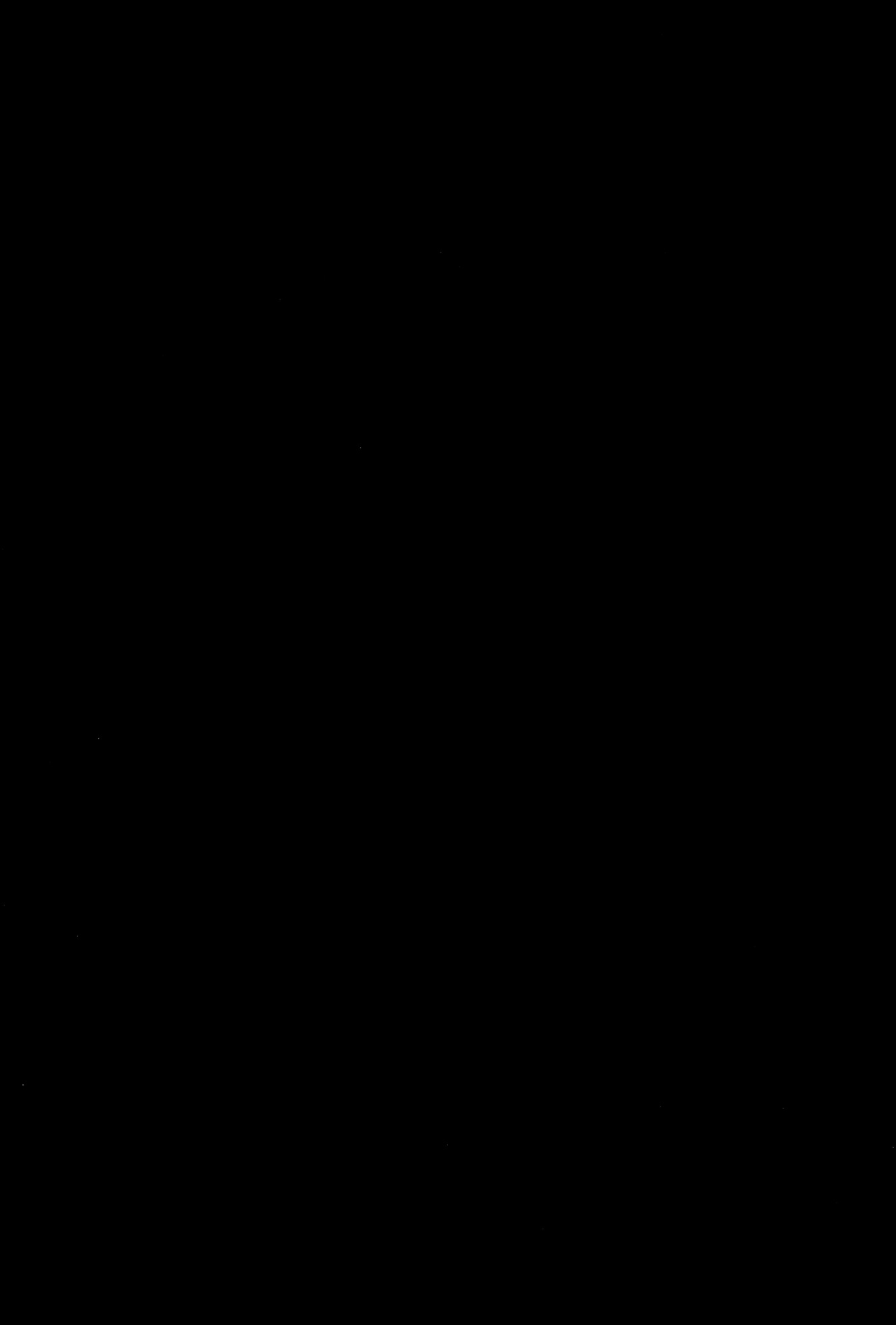